SPIRITUAL

スピリチュアル

人類滅亡予言とのリンク

Nakamura Ryuji
TAMA PUBLISHING

中村隆司

たま出版

まえがき

表題に掲げた〝リンク〟には、つなぐとか、関連づけるなどの意味があります。最近ではインターネットでよく用いられる言葉なので、知っている人も多いと思います。

さてそこで、この本では、スピリチュアル（霊的）なものと、人類滅亡予言とをリンクさせる（関連づける）、ことを主な流れとして筆を進めたいと思います。

スピリチュアル　目次

第一章　スピリチュアル

1．スピリチュアリズムの体系

スピリチュアル、スピリチュアリズムとは

スピリチュアルは一般に、霊的とか霊性あるいは精神性と訳されます。精神性という訳では物足りなさを感じるので、この本では、霊的、霊性という意味合いで理解してください。

またスピリチュアリズムは、一般に心霊主義と訳されています。生まれ変わり、霊の存在（お化けではない）、魂が永遠に生き続けること、などを信じることと理解してください。

なお、これに似た言葉に神理というのがありますが、これは神の理（ことわり）、すなわち神の法則、神の摂理のことで、神の創った世界を表わしています。したがって、スピリチュアリズムも神理も、ほぼ同じ意味と考えてよいと思います。

西洋スピリチュアリズム

イギリスを中心として、西洋スピリチュアリズム（心霊主義）の勃興がありました。最

初は、物を動かすなどの物理現象中心でしたが、次第に霊媒を通じた、自動書記や言葉を発する霊言などによる、思想的啓蒙を目的とした霊訓へと移行してゆきました。

その霊訓の中で有名なものとして、次のようなものがあります。フランス人アラン・カーデックを霊媒とした霊の書（一九世紀中盤）、イギリスのモーゼスという人物が霊媒を務めたインペレーターの霊訓（一九世紀後半）、そしてイギリスのモーリス・バーバネルを霊媒としたシルバー・バーチの霊訓（二〇世紀中盤）などです。

日本のスピリチュアリズム

もちろん日本にも、霊界からの働きかけは頻繁にありました。日本でも、霊言と思われるものが数多く公表されたのです。

その中で、大川隆法さんを霊媒とした著書が、一時期（一九八〇年代後半）、世間の注目を集めました。それは認めてよいと思います。少なくとも量では他を圧倒していたからです。

そして、これら日本を発信源とした霊言と、西洋の霊言とが交じり合うことによって、スピリチュアリズムが秩序化、体系化されました。

その結果、先に紹介したアラン・カーデックの霊の書、モーゼスの霊訓、そしてシルバー・バーチの霊訓などが、決して日本の様々な霊言と矛盾するものではなく、むしろ同等に扱いうるものであり、時には両者の不足部分を補い合うものであることが明らかとなったのです。

巨大な植物園のたとえ

これらのことをたとえ話として説明すると次のようになります。

まず主に西洋で霊言などが発表されましたが、これらを様々な花だとすると、初めのうち人々は、きれいな花が咲いているなと感心して見ていたわけです。

するとそのうち、日本でも霊言が公表され始め、さらに西洋の霊言と日本の霊言との融合が進むにつれ、花々は勝手気ままに咲いているのではないということが分かってきたのです。

すなわち、これらの霊言は巨大な植物園を形作っており、花々（霊言）は近い種は近い種どうし、同じ区域に花を咲かせるなど、秩序があり、整理されていることが見通せるようになってきたのです。

2. 科学の発達と霊

生まれ変わりを信じる人の増加

ここでは、科学の発達と、それに伴う霊の扱われ方について述べてゆきたいと思います。

現在、数十年前と比べて、生まれ変わりや、魂の永遠性を信じる人が増えていると報告されています。これには二つの要因があると思われます。

一つは、様々な人が様々なかたちで、霊の存在（お化けではない）や魂の永遠性について、喧伝し、広めてきたからだと考えられます。そしてもう一つの要因として、逆説的ですが、科学の発達があると思うのです。

霊の存在を無視し続けた科学

現代の科学は、霊の存在を無視して発達してきました。それは科学の初期の段階で、科学から霊が、過剰ともいえる反応で排除されつづけ、そしてその流れが、現代にも受け継がれてきたからです。

というのは、科学の成長し始めの頃には、目に見えないもので存在が確認されたものは、ほとんどありませんでした。しかも、科学が未熟だったため、目に見えない霊を認めることは、迷信の時代に逆戻りすることを意味していたのです。

例えば、嵐は悪魔がもたらす、太陽と雨は神の恵みだなど、これらの思想が人々を支配したなら、科学の発達など望むべくもないのです。

唯物論の頂点

そして、その霊を無視した思想、唯物論が頂点を迎えたのは、一九六九年、宇宙船アポロ11号が月面着陸に成功し、人類が初めて月面に降り立ったときでした。

このとき、世界中の人々が熱狂し、喝采を送りました。そして誰もが、もうこの世の中には神秘的なものは存在しない、科学は全てを解明できると信じたのです。

しかしその後、科学がさらに進歩するにつれ、理解できないこと、明らかにされないことが、幾らでもあるということが分かってきました。

そのため、アポロ11号が月面着陸したときの、科学万能、唯物主義絶対の風潮も、だんだんと色あせてきたのです。

目には見えないが存在するもの

そして今では、科学もある程度成熟し、目には見えないが確かに存在するものも数多く発見されました。例えば、電波、電気エネルギーなどがそうです。

そのため人々は、現代の科学ではいまだ存在を認められていないが、霊という形態も存在するのではないかと、漠然と感じるようになったと考えられるのです。

電波と電気エネルギー

例えば電波についてですが、ある周波数の電波に、映像や音声を乗せることができることは、誰もが知っていることです。そして、その周波数に合わせられる機械（テレビのこと）があれば、その映像や音声を取り出すことが可能なことも、誰もが知っていることです。

また、電気エネルギーのことを考えてください。これも目には見えませんが、確かに存在するものの一つです。

そこで、どうぞ家電製品を思い出してください。普段は眠ったままですが、電気エネルギーが与えられた（宿った）瞬間から眠りから覚め、掃除機なら掃除機なりの、あるいは洗濯機なら洗濯機なりの機能を果たすのです。

霊＝電波＋電気エネルギー

ここまで説明してくると、もうお分かりだと思います。

すなわち霊というのは、電波と電気エネルギーの両方の性質を持った存在だと想定できるのです。つまり、人の肉体という機械に霊が宿ることによって、人としての機能を果たすことができると考えられるのです。

そしてこのことは、決して非科学的なことだとは言えないのです。よって私は、次の仮説を提言することにします。

仮説：「この世に生のあるものは、電波と電気エネルギーの両方の性質を持った存在、すなわち霊が、それぞれの機能に見合った物体に宿ることによって生存状態を保つ」

現代科学の急所

私は、仮説という概念が、現代科学に霊の概念を持ち込むときの急所であると考えているのです。

現代科学は、仮説を立て、それを実証することで成り立ってきました。しかし、まだ仮説の段階で、証明されてもいないのに、事実として受け入れられているものも結構あるのです。(進化論、ビック・バン理論など)

実は、仮説には不思議な性質があるのです。すなわち、これが一人歩きし、市民権を持ってしまったなら、世間では、もう既に証明済みの事実のように取り扱われるということです。

もしそうなると厄介です、仮説でしかないのに、それを否定し覆すには、多大な労力と時間を用いて、覆すに足る証拠を積み上げなければならなくなるのです。

霊の仮説に市民権を

したがって、先の仮説「物体に霊が宿ることによって生存状態を保つ」に市民権を得させることが本書のねらいです。そしてもし、この仮説が市民権を持ってしまったなら、これを覆すことは至難のこととなるのです。

3. 人間の創造

テレビゲーム

あるとき、バーチャル・リアリティタイプのテレビゲームの映像を見ていると、ふと「これだけのゲームのプログラムを完成させるには、大変な時間と労力を必要としたのだろうな」と思いました。そしてこのとき、このコンピュータゲームにとってのプログラムを人間にとってのDNAと、置き換えて考えられないかと思ったのです。

コンピュータゲームの、映像や動きをすべて司っているのがプログラムなら、人間の生命活動全般を司っているのがDNAです。だから、コンピュータ・プログラムとDNAは似ていると感じたのです。

人間は偶然にできた？

一般に、人間は偶然に偶然が重なって生まれたものだと考えられています。しかし、はたしてそうなのでしょうか。

研究が進むにつれ、生命活動は、知れば知るほど、あまりの見事さに驚き、「本当にこれらのことが偶然に出来上がったのだろうか」と、疑問を持つようになると言われます。

DNAとコンピュータ・プログラム

そして、その生命活動全般を司っているのがＤＮＡです。これを先のコンピュータゲームのプログラムに例えると、ＤＮＡが偶然できあがったと考えることは、あるコンピュータゲームのプログラムが偶然できあがったと考えることと近いように感じるのです。

でたらめにキーボードをたたいていたら

したがって、ＤＮＡが偶然できあがったという仮説は、次のようなたとえと同じだと思われます。

「でたらめに、コンピュータのキーボードをたたいていたら、偶然に偶然が重なって、見事なコンピュータ・プログラムが完成した」

このようなことがあり得るのでしょうか。少なくとも、我々が努力し、工夫に工夫をこらして何かをつくり上げることが、バカバカしくなってくる論法です。

やはり制作者の存在

そしてこのことは、生命の設計図であるDNAにも当てはまるでしょう。〝偶然に偶然が重なって見事なDNAができあがった〟という考えが、どれほど説得力を持つものなのでしょうか。

そこにはやはり、制作者の存在を感じざるをえないのです。

4. 心の法則

心の法則性

心に法則性があるということは、よく言われてきました。しかし詳しく説明されることはなかったので、ここで詳しく説き明かしたいと思います。

さて、因果応報という言葉がありますが、これは結局、自分が蒔いた種は自分で刈り取るという思想です。悪を為したとき（悪い種を蒔いたとき）苦しみという実を刈り取り、善を為したとき（よい種を蒔いたとき）喜びの果実を享受するということです。

これらのことは、生存中に結果として現われることもありますが、普通は死後、地獄に行くか天国に行くかで決することになります。

魂の判定官？

それでは、天国に行くか地獄に行くかは、どのようにして決定されるのでしょう。

昔から、死後の世界には判定官がいて、その人物が何らかの方法で判定し、裁きを行うと考えられてきました。しかしこの伝承には大きな誤解があります。それは、裁くのは他人ではなく、自分自身なのだということです。

心の出納帳

それでは、どのようにして魂の判定が行われるのでしょう。それを説明してゆきたいと思います。

魂の中には、心の出納帳というべきものが存在します。そしてこの出納帳には、良いことをしたこと思ったこと、悪いことをしたこと思ったことなどが、瞬間瞬間、絶え間なく記録され続けるのです。

例えば、少し良いことから非常に良いことを＋1～＋10、少し悪いことから非常に悪いことを－1～－10とした場合、この－10～＋10までの点数が、一瞬一瞬カウントされ続け、心の出納帳に記録され続けているのです。

出納帳と記憶媒体

そしてこの出納帳は、記憶媒体に保存され、死後魂の中から取り出し、コンピュータで処理されると考えてよいのです。

心の出納帳の別欄

心の出納帳について述べてきましたが、実は、この心の出納帳には別の欄があるのです。それは影響力の欄で、これも（悪いこと）－10から（良いこと）＋10までカウントされると考えて下さい。

例えば、良い影響力を与えた人物が良い（善い）ことをしたら、与えた本人が知らないうちに、相応の＋《プラス》数点が心の出納帳に記録されるのです。もちろん、悪い影響力を与えた人物が悪いことをすれば、それ相応の－《マイナス》数点がカウントされます。そしてもちろん、死後、天国に行くか地獄に行くか判定するときの計算に含められます。

波長の法則

その他、心の法則には波長の法則もあるのですが、煩雑になるので後回しにしたいと思います。

5. 反省の原理

反省と心の法則

反省は（キリスト教では悔い改めと言いますが）、大切なものであるということは、よく耳にしてきたと思います。事実、過去の失敗、あるいは他人を傷つけたことを心から悔い、再び同じ過ちを繰り返さないよう心がけることは非常に重要なことです。

そこで、ここでは心の法則性と照らし合わせながら、なぜ反省がよいものなのか、具体的に解説してゆきたいと思います。

反省の効用

さて反省の効用とはなんでしょうか。例えば他人の心を傷つけた場合、前節で説明したように、それ相応のマイナス点が心の出納帳にカウントされます。

ここでもし、その件に関し反省が行われなかったら、記録はそのまま残ります。しかし反省があった場合、そこまで遡ってマイナスが少し（もちろんゼロにはなりませんが）軽減されます。

その他、同じ過ちを犯しにくくなり、他人のために善いこと、すなわち自分の魂にとって良いことを積極的に行うようになります。

反省の最大の効用

しかし、反省（悔い改め）の効用はそれだけなのでしょうか。魂にとっての多少のマイナス軽減と、後の考え方や行動に好影響をもたらすだけなのでしょうか。

いいえ、そうではありません。反省の最大の効用は、反省していること自体が、魂にとって大きなプラスとしてカウントされることにあるのです。したがって、この反省すること自体で、ある程度のマイナスを埋め合わせることが可能なのです。

6. 利他の教え

利他と愛

ここでは、魂の出納帳に積極的にプラスの記録を促す、利他の思い、利他の行いについて述べてゆきたいと思います。

本来は「愛の教え」という標題をつけたかったのですが、現在、この〝愛〟ほど誤解されている言葉もなく（もともと愛と利他は、非常に近い言葉として存在すると思うのですが）、ときには「いやらしい」という印象を持たれる方もおられるでしょう。そこで、ここでは〝利他〟という言葉を選び解説してゆきたいと思います。

利他行、利他の思いと魂の出納帳

利他行、利他の思いが分かりにくかったら、思いやりのある行動、思いやりの心と考えたらよいでしょう。そしてこれらのことが、魂の出納帳に、プラスで記録されることに異論のある方はないでしょう。

無私の心で利他を

しかし、ここで気をつけなければならないことがあります。それは、利他行を無私の心で行うことが重要だということです。つまり、神と取り引きをしてはならないということです。

「これだけの慈善事業を行った」のだから、悪いことの埋め合わせができただろうとか、「これだけ他人のために尽くした」のだから、霊格が上がっただろうとか、決して考えてはならないのです。つまり善い行いは、行いっぱなしにすることが重要だということです。

もちろん神と取り引きしたからといって、魂の出納帳にマイナスが記録されることはありません。しかし無私の心で行ったのであれば、高い点数でカウントされていたものが、かなり減点されるのは間違いないことです。

再び〝愛〟の教え

ところで、この節のタイトルを〝利他の教え〟としましたが、〝愛〟という言葉を考えたとき、やはり〝利他〟だけでは足りない感じがあるのです。

それは、愛には人と人との（場合によっては人と動物との）結びつきという要素をも含んでいるからです。この部分が、愛の誤解を受けやすい所以でもあるのですが、やはり見逃すことはできないところです。

愛＝利他行、利他の思い、絆

そこで、ここで説明された〝愛〟を別の言い方で表現すると、「絆」になります。

例えば、ときどき盲導犬と人とのかかわりあいが、テレビで放映されることがありますが、あれも心の結びつき、すなわち「絆」と呼んでもよいと思います。

したがって、「愛＝利他行、利他の思い、絆」ということになります。

愛は霊に属す

さて「絆」という言葉を聞いて、男女間の恋愛、ましてや男女間の性行為に適用させる人はいないでしょう。「絆」という言葉には深い精神性と、魂の深いところでのつながり、霊的なつながりを感じるからです。

〝愛は霊に属す〟という教えもうなずけるでしょう。

7. 祈りの効果

今回、私にとって祈りは、課題の一つのように感じられます。祈れば物事は実現すると教えられてきましたが、これまでの私の人生で、祈ったから実現したという経験がほとんどないからです。

しかし、だからといって、祈りが人にとって大切なものであるという気持ちに変わりはありません。物事が成就するには、時間とタイミングが必要だからです。

祈りの種類、段階

ところで、祈りにも種類、段階があります。それは次のようなものです。

①他人の安寧と幸福を求める祈り
②精神的な援助を求める祈り
③願望実現のための祈り
④家内安全を願う祈り

⑤人の不幸を求める祈り（これは一般に呪いと呼ばれます。下からの援助を請う祈りです。呪いも祈りの一種です）

もちろん祈りも、波長の法則と関係があります。祈るときは、利己的な気持ちにならないよう注意し、心の波長をできるだけ高い状態にして行わなければなりません。

8. 心霊治療の種類

サイキックなもの

心霊治療には、大きく分けて三種類あると考えられています。

まず一つ目が、サイキックなものです。サイキックと言うくらいですから、物質次元の超能力といった感じで、磁気的なものを利用して病気を治す方法です。

したがって、気を身体に通すことによって病気を治す、中国の気功はこれに入ります。

幽体を使用した心霊的なもの

二番目は幽体を使用するものです。一般的には、これを心霊治療だと考える人が多いようです。ある人物に霊が宿り、心霊手術などを施すといったものです。そしてこれは、次のように説明されます。

人間には、幽体と呼ばれる、本人とまったく同じ形をしたものが肉体に入っていると考えられています。すなわちこの二番目の心霊治療は、その幽体の悪い部分を治すことによって、肉体も回復させようとするものです。

スピリチュアルなもの

そして三番目に、霊界の高い界層からのエネルギーによる、スピリチュアルなものがあります。

聖書の中に、イエスが病気を治したことが書かれてありますが、イエスが行ったのはほとんどこの方法によるものです。

それから、この手法による治療には、治される側に魂の琴線に触れる経験がともないます。魂が癒され、信仰に目覚めるのです。なおこの心霊治療には、治る場合は瞬時に治るという特徴があります。一瞬のうちに、劇的に治るのです。

またこの手法には、手をかざすなど、動作を必要としません。治療者と治療される側との、心の結びつきが最も重要だからです。

それから、この三番目のスピリチュアルな心霊治療には、治療者が必要のない場合があります。要は、患者が天上界と直接、心の交流を持てばよいのです。

これのよい例として「ルルドの泉」があります。次にそれを説明しましょう。

「ルルドの泉」

フランス南西部の小さな町、ルルドで、一八五八年、少女ベルナデットのもとに聖母マリアが出現し、それをきっかけに、奇跡的な病気治療の泉が湧き出したと言われている。

この「ルルドの泉」から湧き出す水は、良質な水というだけで、医学的な治療効果はないと考えられています。

しかしルルドには、今でも多くの人々が治療を求めて訪れます。そこでは魂の安らぎを得られるからです。

そして、実際に病気が治ってゆく人もいるわけです。それは、天上界と心が通じ、魂の安らぎを得て心が癒され、真の信仰に目覚めた者の病気が治ってゆくのです。

したがって皮肉なことに、病気が治ることだけを求める人は治らず、心が安らぎ病気のままでもかまわないと思う人が治ってゆきます。そして病気の治った人は、さらに信仰を深めてゆくことになるのです。

9. 現在の葬儀で早急に改めるべきこと

霊を扱った本において、しばしば、葬式では意味の分らないお経をあげるのではなく、「魂は永遠に生き続ける」などの法話をするべきだ、といった議論がなされています。

もちろんそれも大事なことなのですが、それらの見直しは、それほど急を要することでもありません。ただ現在の葬儀は、様々な習慣やしきたり、そして儀式にがんじがらめにされていて、そろそろ葬儀全体を見直す時期が来ているのかもしれませんが。

さて実は、現在の葬儀で、早急に改めるべきことがあるのです。ここでは、それを紹介したいと思います。

火葬までの日数

後で少し解説しますが、〝シルバーバーチの霊訓〟と大川隆法さんの著書〝蓮如上人の霊訓〟の中に、「死者は、特に未熟な霊は、肉体から離れるのに二、三日かかる」という記述があります。

現在、人が亡くなると、通常亡くなったあくる日に火葬にします。しかし霊訓の中には、死んでから日を置かずに火葬にすると、霊にショックを与えることがあると書かれているのです。

そこで私は、現在の亡くなった次の日に葬儀をすることを改め、一日おいて葬儀をすることを提案したいと思います。そうすることで、霊にショックを与えることが少なくなります。そして遺族側も、葬儀の運用が楽になりますし、心の整理をする時間もできます。

つまり、どちらにとっても好都合なのです。

火葬の有益性

それからシルバーバーチの霊訓の中で、火葬の有益性について触れています。続いて、そのことについて説明したいと思います。

さて火葬のよいところに、衛生面で有利だということがあります。これは言うまでもないでしょう。それともう一つ、火葬はいろんな意味での未練を断ち切る手助けとなるのです。

すなわち、遺族側は亡くなった人に対し、肉体のある間は「もしかしたら眠っているだけではないのか、そのうち目を覚ますのではないか」と、ほんとに微かながら思ってしまうのです。だから火葬にすることによって、この世ではもう絶対会うことができないことを悟らせることになるのです。

そして亡くなった側の人物も、肉体がある間は、もしかしたら生き返ることができるのではないかと、多少なりとも考えてしまうのです。

なおこれは、地上に未練の多い未熟な霊に限ったことではありません。ある程度、心の整理ができた霊にも当てはまります。なぜなら、どんな場合でも、それまでとは違う環境に飛び込むには勇気がいるからです。

しかし火葬にすることによって、それらの微かな希望をも打ち砕くことになるのです。

第二章　次元の構造

1．死後の界層

死後の世界の界層

死後の世界は、いくつかの界層に分かれていると言われています。その代表的な分類の仕方に、次のものがあります。

九次元宇宙界
八次元如来界
七次元菩薩界
六次元神界
五次元霊界
四次元幽界

各次元の人口

各次元の人口についてですが、五次元霊界の人口がもっとも多く、次に四次元幽界の人口が多いと言われています。後は、六次元、七次元、八次元、九次元と、上に行くほど人数は少なくなります。

それぞれの次元に入る条件

それではここで、それぞれの次元に入る条件を整理してみたいと思います。

まず四次元幽界ですが、人間的に未熟な感じのする人が多いようです。また未熟さと多少関連するのですが、利己的傾向の強い人も、この界の住人となります。

五次元霊界は、いわゆる、一般の善良な人々が行くところです。

六次元神界は、何かの専門家という方が多いようです。大学教授など、生涯、一つの研究に打ち込んできた人々などが還るところです。

なお六次元の上段階にアラハンという境涯があります。ここの人達の特徴として、偉大な人の生き方を理解し、それに感動はするが、自分はできないと考えているということが挙げられます。偉人のような苦難に満ちた道を歩むよりは、俗世間で楽に生きたいと考えているのです。

七次元菩薩界に入る条件

それから、この世において、政治、経済、文化など、各界のリーダーとして活躍している人物の中の幾人かが、七次元菩薩界出身です。

ここで、分かりやすくするために、例を挙げて説明しましょう。

現在、映画産業が栄えていますが、その中で、数名の菩薩界出身の方が映画界を引っ張っているのです。

もっと具体的に言うと、映画監督のジョージ・ルーカス、スティーブン・スピルバーグが菩薩界出身の方です。そしてその他、映画界には、抜きん出ているとは言えないが、優れた方というのは数多くいます。すなわち、そのような方が六次元神界出身の方です。

八次元如来界に入る条件

そして、八次元如来界の方がこの世に生を受けると、人々から、その時代を代表する精神と見なされます。もちろん、その時代だけではなく、後世にも影響を与え続けます。

すなわち如来界出身の人物とは、ある特定の時代を見まわすとき、その存在があまりに突出しているため、どうしても目立ってしまう存在なのです。

具体的に言うと、「○○の時代」と呼ばれる時代的高まり、例えば修道院の時代（一一～一二世紀）、ルネサンス時代（一四～一六世紀）、大航海時代（一五～一六世紀）などには、数名の如来が関わっているのです。例えば大航海時代を見るとき、明らかに抜きん出ている存在、コロンブスは当然如来です。

九次元宇宙界に入る条件

それでは、九次元宇宙界に入る条件とは何でしょうか。この次元に入る条件は、新文明の礎を築ける、それだけの力量がある、ということだろうと思います。

2．心の法則（波長の法則）

波長と思念

前節では、四次元から九次元まで、その次元に入る条件を説明してきました。それでは、それらは波長の法則とどう関わっているのでしょう。ここでは、そのことを詳しく解説してゆきたいと思います。

さて人間は、様々な思いや考えの集合体である、思念を絶えず出し続けています。そしてその思念は、ある特定の波長を持っていると考えられているのです。

思念と脳波

ここで脳波のことを思い出して下さい。脳波とは次のように説明されています。
「脳細胞の活動電位変動を頭皮上に置かれた電極から誘導し増幅記録したもの。周波数により、β波（14～25 Hz）、α波（8～13 Hz）、θ波（4～7 Hz）、δ波（～3.5 Hz）などに分けられる」

つまり、思念のことを考えるとき、その代わりに脳波を思い描くと理解しやすいということです。

ところで、思念の波長は、様々な霊言の中で、下に行くほど荒くなり、上に行くほど精妙になると解説されています。したがって思念は、四次元は周波数が低く、九次元は周波数が高いと考えてよいと思います。

なお、三次元（現在我々が住んでいる世界）も、波長の法則の中に入っていて、四次元よりさらに荒い（波長が長い）と考えられています。

ちなみに、念のために説明しておきますと、波長が長いと周波数は低くなり、波長が短いと周波数は高くなります。

思念と次元（例えばの話）

ここで、もっと分かりやすくするために、例を挙げて説明しましょう。（本当に例えばの話ですが）思念の周波数により、次のように分類ができるとします。

九次元宇宙界：30Hz以上
八次元如来界：25～30Hz
七次元菩薩界：20～25Hz
六次元神界：15～20Hz
五次元霊界：10～15Hz
四次元幽界：5～10Hz（例えばの話）

思念の波長によって還る次元が決まる

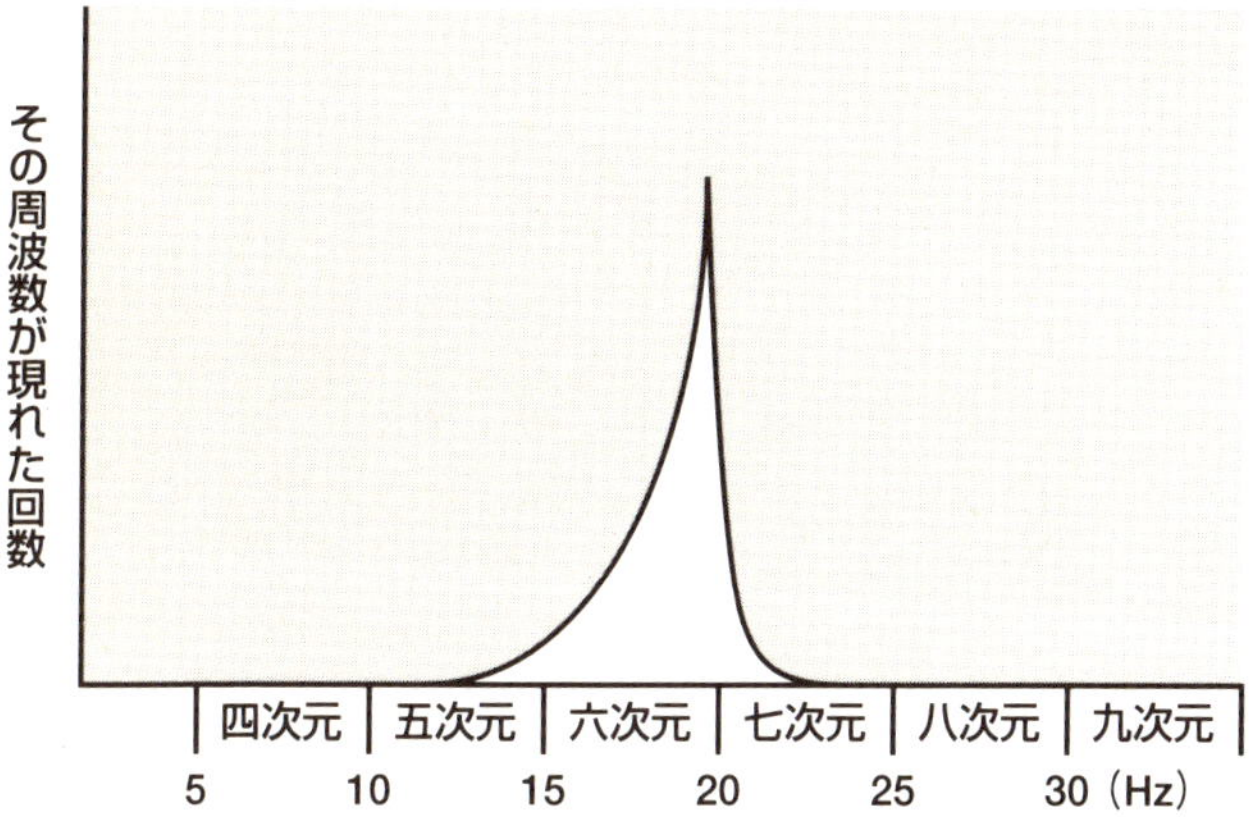

思念における次元と周波数との関係

人は、生きている間、絶えず思念を出し続けています。そしてそれは、瞬間瞬間、異なる周波数の思念を出しているのです。

すると、生涯にわたる思念を各周波数ごとに、何回現われたか、回数を積算することができます。そして、その回数を縦軸に、思念の周波数を横軸にとると、上のような図が描けると思います。

すると、おそらくピークを描き出す点が出てくるでしょう。すなわち、そのピークの周波数のところが、その人が死後還るところになるのです。

3. 時代の創出と転生

近い時代の転生

ここでは、私自身納得がいっている転生に関して、その時代を創り上げるという観点からまとめたものを披露したいと思います。まずは、現代人あるいは現代に近い人の転生を見てゆきたいと思います。

現時点で突出した人物として挙げられるのは、南アフリカ初の黒人大統領となったネルソン・マンデラ氏（1918〜　）です。この方の前世は、中国、唐の第二代皇帝太宗（在位626〜649）です。そして、その父親で初代皇帝となった李淵（在位618〜626）は、アメリカ黒人公民権運動の指導者キング牧師（1929〜1968）として生まれ変わっております。どちらも如来ですが、マンデラ氏の方が少し上といった感じです。両人とも、黒人の地位向上のために示し合わせたと見るべきでしょう。

その他、抜きん出た人物として、チェコスロバキアの元共産党第一書記ドプチェク氏（1921〜1992・如来）が挙げられます。チェコの民主化を進めた方です。彼が起こした民主化の流れは、ソ連の軍靴によって踏みにじられましたが、結局その政治手法は、東西冷戦を終結に導いたソ連のゴルバチョフ氏（1931〜・如来）に受け継がれました。

日本では、現東京都知事の石原慎太郎さん（1932〜　）の前世は、中国、宋の時代に政治改革を手がけた王安石（1021〜1086）です。菩薩です。

少し前の時代の転生

時代を遡りますと、ルネサンス時代イタリアのフィレンツェで権勢を誇ったメディチ家のコジモ（1389～1464）は、前世で、ローマ初代皇帝アウグストゥス（B.C.63 ～A.D.14）をしております。ぬけめのない政治手腕、芸術を奨励し保護に力を入れたところ、そして自ら権力者と呼ばれることを好まなかったこと、などに同一性を感じます。如来です。

その他、中国、唐の時代にインドから仏典を持ち帰り、後に『西遊記』のモデルとなった玄奘三蔵（602～664・如来）は、イギリスにウィクリフ（1320～1384）として生まれ変わっております。ウィクリフはキリスト教僧侶や教皇の腐敗を批判した人物で、宗教改革の先駆けと言われています。

そしてその流れを汲み、イギリスでワット・タイラーの乱が発生しましたが、この乱の思想的指導者であるジョン・ボール（?～1381）は、幕末、幕府に反旗を翻らせた大塩平八郎（1792～1837）として生まれ変わっております。菩薩です。

ここで興味深いのは、大塩平八郎が吉田松陰（1830～1859・菩薩）に影響を与えたのと同様、ジョン・ボールの思想は、吉田松陰の前出であるボヘミアのフス（1369～1415）に受け継がれてゆきました。

芸術家の転生

次に芸術家に目を移してみますと、江戸時代の浮世絵師である東洲斎写楽（一八世紀末）は、フランスに画家のアンリ・ロートレック（1864～1901）として生まれ変わっています。菩薩です。作品の筆致および雰囲気が似ていることに気づかれるでしょう。

そして、バロック絵画を代表するオランダのレンブラント（1606～1669・如来）が、後に大バッハ（1685～1750）として転生したように、バッハとともにバロック音楽の双璧をなすヘンデル（1685～1759・如来）は、日本を代表する絵師、歌川広重（1797～1858）として生まれ変わっています。ヘンデルと広重の両作品に見られる精緻さ、そして一分の隙もない完成度に共通点を見いだせるでしょう。

これを機に、日本の芸術が、諸外国と比較して決して引けを取らないことを再認識されるとよいでしょう。

本文中に登場する人物の説明　①

○ジョージ・ルーカス（1944～）

代表作「スター・ウォーズ」（一九七七年公開）

○スティーブン・スピルバーグ（1947〜）
代表作「未知との遭遇」、「ジョーズ」、「ET」
二人とも、アメリカ、ハリウッドを代表する映画監督、プロデューサー。

この二人の登場により、その後の映画の流れが大きく変わりました。「スター・ウォーズ」、「未知との遭遇」、「ジョーズ」などの公開により、映画は、実際にあり得ない映像でも作り出す方向へと向かい、そして、より娯楽性の強いものになっていったのです。

なお、この二人の作品すべての音楽を担当しているジョン・ウイリアムスは、現存する最も偉大な作曲家です。

ハリウッドとルネサンスの工房

ところで、このハリウッドの映画界を見ていて私が感じるのは、これらがルネサンスの工房とよく似ているということです。

ルネサンスの工房は、親方といわれる人物を中心に、多くの人が作業を分担して携わり、絵や彫刻などの作品を仕上げてゆきます。つまり、このハリウッドの映画界にも、それに似たところがあるということです。

ルネサンス時代、いくつかの工房どうし、しのぎを削りながら作品を仕上げてゆくのですが、ハリウッドでも、一つの作品を仕上げるのに作業を分担して当たり、グループごとに少しでもいい作品を作ろうとしのぎを削っているのです。

○クリストファー・コロンブス（1446〜1506）
イタリア、ジェノバ生まれ。一四九二年アメリカ大陸を発見する。ヨーロッパの新大陸進出に道を開いた。


コロンブスは毀誉褒貶の激しい人物です。新大陸発見の航海で、苛酷な金奪取と原住民虐待が非難を受けて、召還されたりしています。

様々な解説書を読むと、確かに金（きん）に目がくらんだということも多少はあったようです。しかし当時、悪いことは何でもコロンブスのせいにされていたという経緯もあり、どこまでコロンブスが実際に行ったのかは定かでありません。

歴史家の見解

また歴史家によっては、コロンブスは天才ではなく頑固な変わり者で、コロンブスがたまたま信じていたことが、偶然当たっていただけに過ぎないと考えています。

そしてコロンブス自身は、自分は神から使命を授けられていると固く信じていましたが、コロンブスをちょっと頭のおかしい、頑固なだけの人物と見なす歴史家にとっては、それをも攻撃の材料となります。

しかも、そのような歴史家が腹の中で考えていることは、「もしコロンブスの時代、自分が生きていたなら、私が新大陸を発見していたのに」ということです。

しかし実際はそうはならないのです。このコロンブスの「大西洋を西に向かえば陸にたどり着く」という発想は、現時点での「近く、人類の多くが滅亡する」という予言と近いのです。こちらから向かわなければならないものと、向こうからやって来るという違いはありますが、非常に似ています。

つまり、先の歴史家のような常識的な知識人にとって、コロンブスの生きた時代、「大西洋を西に向かえば陸にたどり着く」という発想は、今の人類滅亡予言と同様、バカバカしく感じられることなのです。

○李淵（565〜635）

中国、唐の初代皇帝高祖。隋の後をうけ、唐朝二九〇年間の基を築いた。

○太宗（598〜649）

中国、唐の第二代皇帝。唐の建国に尽力する。隋末期の混乱に、父李淵にけしかけるかたちで挙兵させる。その治世は後に〝貞観の治〟と称賛される。

○マーティン・ルーサー・キング（1929〜1968）

ジョージア州アトランタ生まれ。キリスト教の牧師であり、アメリカ黒人公民権運動の指導者。キリスト教にもとづく非暴力の黒人地位向上運動を指導し、一九六四年ノーベル平和賞にも輝いた。一九六八年に暗殺される。

○ネルソン・マンデラ（1918〜）

南アフリカの黒人解放運動指導者。一九九三年ノーベル平和賞を受賞。一九九四年、新生南アフリカ初代大統領。

一九九四年に、私がネルソン・マンデラ氏の大統領就任演説の模様をテレビで見ていると、次のような考えが頭の中を駆け巡ってゆきました。「この人は如来だな。これほどの力量があれば、とても栄えた国を築けるな。だとしたら前世は唐を創った人物だな」

考えてみれば少し前まで、南アフリカにはアパルトヘイト（人種隔離政策）が存在し、黒人は人間扱いされていませんでした。だから黒人が大統領になることなど、魔法でも使わないかぎり不可能なことだと思われていたのです。

早速、中国の歴史関係の本を調べてみると、どうやら唐の皇帝は、初代より二代目の方が立派な人物だということが分かりました。そこでマンデラ氏は、この二代目の太宗だなと感じたのです。

そして初代皇帝李淵の肖像画を見てみると、頬のふっくらしたところは、どこかで見覚えがあるのです。そのときハッと気づきました。この人物はキング牧師だと。

実は、キング牧師も如来であることは以前から気づいていました。それは、キング牧師の暗殺直前のスピーチの模様をテレビで見ていたからです。

キング牧師のスピーチ

キング牧師の暗殺直前のスピーチには、死を予感させる内容も含まれています。そしてその他、次のようなことも言っているのです。

「神は私に山に登ることをお許しになった。そこからは四方が見渡せた。私は約束の地を見た」

このスピーチを行ったとき、キング牧師の運動は行きづまりの状態で、彼はこのスピーチを夢見るような、半ばやけくそのような口調で述べていたのです。

私はこれを聞いて、「この人は本当に山の頂上に登って見てきたんだ」と感じました。そして、そういうことができるのは如来に他ならないのです。

○アレクサンデル・ドプチェク（1921～1992）

一九六八年、チェコスロバキアの共産党第一書記に選出される。「人間の顔をした社会主義」をスローガンに、「プラハの春」と呼ばれるチェコスロバキアの民主化運動を指導した。

私がなぜ、ドプチェク氏を如来だと考えたかについて、お話ししたいと思います。

ドプチェク氏は民主化を進めましたが、当時それに反対する保守派の党官僚などがいたはずなのです。それなのにどう折り合いをつけたのか、いつのまにか、あっという間にほとんどの人物を丸め込んでいるのです。

ドプチェク氏と同じように社会主義国で民主化を進めた人物に、ポーランドの自主管理労組「連帯」の議長で、後にポーランドの大統領となったレフ・ワレサ氏（1943〜・菩薩）がいるのですが、その進め方が何とも言えずもたもたしていて、もどかしく感じてしまうのです。

それと比較すると、ドプチェク氏の手並みの鮮やかさには驚嘆させられます。

○王安石（1021〜1086）

中国、宋中期の政治家。〝王安石の新法〟と呼ばれる新政策で政治改革を断行した。学者、文人としても当代一流で、唐宋八大家の一人に数えられる。

○コジモ・デ・メディチ（1389〜1464）

イタリア、フィレンツェの富豪。政治手腕を振るって、フィレンツェの事実上の支配者となる。学芸にも深い理解を示し、ルネサンス芸術の開花に多大な貢献をした。

コジモは様々な慈善事業を行いました。その中で、当時捨子が多かったことから、捨子のための養育院を設立するということもしています。

一四三三年、コジモは政敵に憎まれ追放されましたが、翌年フィレンツェに帰還しました。この追放を解かれる際、先の捨子養育院で育った若者が大きな力となったのです。

コジモがいかに民衆に人気があったか、計り知ることができるエピソードだと思います。

コジモの父、ジョバンニ・デ・メディチの転生

これとはあまり関係ないのですが、コジモの父で、メディチ家隆盛の基盤を築いたジョバンニ・デ・メディチ（1360～1429・菩薩）は、アメリカのJ．D．ロックフェラー（1839～1937）として生まれ変わっています。石油王であり、ロックフェラー財閥の礎を築いた人物です。

ところでメディチ家は、長きにわたってフィレンツェを支配していましたが、ロックフェラー家も、現在アメリカの政界、財界に隠然たる力を持ち続けています。

コジモこそ出ていませんが、ロックフェラー家には、かつてメディチ家で権勢を振るった人物が、数多く生まれ変わっていると考えられるのです。

○レンブラント・ファン・レイン（1606〜1669）
一七世紀オランダ絵画の巨匠。独自の明暗画の世界を築いた。多数の自画像を残す。
○歌川広重（1797〜1858）
江戸後期の浮世絵師。日本風景画の完成者として世界的に有名。代表作に「東海道五十三次」がある。
○J・S・バッハ（1685〜1750）
ドイツ生まれ。音楽の父と呼ばれ、バロック音楽を代表する大作曲家。
○G・F・ヘンデル（1685〜1759）
J・S・バッハと同時代の作曲家。ドイツに生まれ、後にイギリスに帰化した。

歌川広重の風景画

私にとって、世界で一番好きな画家は歌川広重です。ちなみに作曲家で一番好きなのはヘンデルです。また日本に限定すれば、二番目に好きな画家は東洲斎写楽です。写楽の個性的な役者絵を見ていると、人間に対する愛情がよく伝わってきます。

広重に話を戻しますと、広重と葛飾北斎（1760〜1849）は活躍した時代も近く、また同じように風景画を多く描いたとして、よく比較されます。

そして私が時々思うのは、もしこの二人の作品を模写したなら、北斎の作品に関しては、もしかして北斎より優れた作品を描けるかもしれない、と思うことがあるということです。それに対して広重の作品は、緻密に計算された絶妙なバランスの構図といい、細部にまで神経の行き届いた筆致といい、誰がどう描いても、あれ以上の作品はできないと考えざるをえないのです。

それから、この後レンブラントとバッハについて述べますが、広重とヘンデルと業績も似ていますし、お互いライバル関係にあることは誰の目にも明らかです。

レンブラントとバッハ

さて、レンブラントとバッハは人生が対照的です。レンブラントは中年までは裕福でしたが、晩年は破産してしまい、最後は絵のうまい乞食のジイサンの状態で亡くなりました。

これとは対照的に、バッハは家族にも恵まれ、生涯安定した生活を送りました。場所こそいろいろ変わっていますが、宮廷楽長や教会の音楽監督などを歴任しています。つまりバッハは、音楽史を語るときよく話題に上る、生涯サラリーマンだったということです。

これは、音楽の教科書に出ているような大作曲家では珍しい部類です。実際バッハほどの才能があれば、曲の注文を受けて、それ相応の報酬を得れば生活は成り立っていたはずです。

前世でのレンブラントのときの乞食生活がよほど懲りたのか、あるいは対照的な人生を経験したかったのか、そこまでは分かりませんが、興味深いところではあります。

レンブラントの肖像画

それからレンブラントは、数多くの自画像を描いた画家として知られています。当時画家は、外から注文を受け絵を描いていたわけで、画家本人の肖像画など注文する者などいませんでした。だからそれは、まったく金にならない作品だったのです。

にもかかわらず、レンブラントは自画像を描かないではいられなかった。レンブラントは自画像を通して、人間の魂の奥深くまでを描き出したかったのです。

「ルーブル美術館」

ところで一九八五年に、NHKテレビで「ルーブル美術館」という題名の、フランスのルーブル美術館に展示されている作品を紹介する番組が放映されました。

その中の「バロックの光と影」編でレンブラントが紹介されたのです。そして番組の最後に、レンブラント晩年の自画像（パレットと絵筆を手に、カンバスに向かう構図）が映し出されました。

その絵は、一片の虚飾も感じられない、ただ一人の人物が立っているだけの作品でしたが、内面の深さだけは感じ取れるものでした。

そしてそのときその絵は、エンニオ・モリコーネの美しいテーマ曲とともに映し出されたのですが、私はつい涙を流してしまったのです。

なぜなら、私はその絵のまったく飾り気のない魂に共感したからです。そして思ったのです、「人間はこうでなければならない」と。

そしてこれは、芸術の、人々の魂に与える影響力を強く認識した瞬間でもありました。

私の思い出の曲

次に音楽の話ですが、音楽が魂を鼓舞したり、心に安らぎを与えることは誰でも知っていることです。そこで、そういう心に安らぎを与えてくれた、私の思い出の曲の話をしたいと思います。

一九八八年、昭和天皇が倒れられたということで、NHKのテレビとラジオで一晩中音楽を流していた時期がありました。

その期間のほとんど毎日、夜中の一二時から一時の間に、バッハのフランス組曲（グスタフ・レオンハルトのチェンバロ）がかかっていました。そのころ精神的に厳しい時期で、心が安らいだのを今でもよく憶えています。

もう一つの私の思い出の曲

もう一つ、思い出の曲の話をします。

毎年年末になるとNHK・FMで、ワーグナー作曲の楽劇「ニーベルングの指輪」という作品が放送されます。この曲は、演奏時間が軽く一〇時間を超す大作で、毎夜四日間に分けて放送されるのです。

ただこの曲は楽劇ということで、目で見て話の筋を追いながら楽しむものなので、音楽だけを聴くと退屈な部分も多いのです。

あるとき、ちょっとつまらないなあと思いながら、その楽劇を聴くともなしに聴いていていました。すると不意に演奏が止まり、単品でも演奏されることの多い「ジークフリート牧歌」が流れてきたのです。

この曲を知っている人は分かると思いますが、とても穏やかな、心に沁み透る旋律が印象的な曲です。そしてそのとき、部屋は神聖な雰囲気に包まれたのです。

現代の音楽界

現在、日本の音楽界は大変に盛り上がっています。特に映画やテレビの、ドラマやドキュメンタリー番組のサウンドトラックのスコアを書く人の中には、高級霊がかなりいるのではないかと思われるのです。

もちろんこれは日本だけのことではなく、アメリカでも、映画のサウンドトラックを書く人には多くの高級霊がいると考えられます。

ところで現在、クラシック音楽は不況だと言われています。聴く人が少なくなっているのです。というのは、音楽はCDでいつでも聴くことができます。だから多くの人は、クラシック音楽で有名なものはだいたい聴いてしまって、少し飽きてきているのです。

もちろん、指揮者によって解釈が違うという意見もあるでしょう。しかし結局のところ同じ曲であり、それほどに違いはありません。

それから指揮者についても、巨匠と呼ばれる人物が少なくなり、全体に小粒になっています。したがってクラシック音楽が、再び活況を取り戻すとは思えないのです。

つまり将来は、現在映画やドラマなどで使われている音楽が注目されるようになると考えられるのです。そしてその後、発掘、整理する人物が現われ、今のクラシック音楽と同等の扱われ方をするようになるでしょう。現在のクラシック音楽も、今でこそ頻繁に演奏されていますが、埋もれかけたことがあるのです。

各地の盆踊り

芸術の話のついでに、盆踊りの話を少ししたいと思います。

夏になると各地で盆踊りが催されますが、私には納得できないものが多いのです。私の町にもありますが、残念ながら、私にはラジオ体操にしか見えないのです。

しかしその中で、徳島の阿波踊りは、毎年衰えることなく大変な盛り上がりを見せています。私も、いつもすごいなと感心しているのです。

どこが他の盆踊りと違っているのか、具体的には説明できないのですが、多くの人がいっせいに踊るとなぜか感動さえ覚えます。

阿波踊りが、いつ創られたのかは分かりませんが、かなりの高級霊が創ったことは間違いありません。

映画とドラマについての原作と脚本

ついでに映画とドラマについてお話ししましょう。

現在、映画やドラマの業界は栄えています。実際面白いのですが、原作や脚本を手がける人には、高級霊がかなり混じっていると思われるのです。

例えば、もし文豪シェイクスピア（1564～1616）のような高級霊が、現代に生まれ変わったとしても、活躍の場は保証されるでしょう。

というのは、シェイクスピアの「ハムレット」や「リア王」などの戯曲は、今でこそインテリしか見ませんが、当時は、一般庶民が現在の映画やドラマを見るような感覚で楽しんでいたと考えられるからです。

したがって、今の時代にシェイクスピアが生まれ変わったとしたら、映画やドラマの原作や脚本を精力的にこなすだろうと考えられるのです。

むかしばなし

私が小さいころ、テレビでよく〝日本のむかしばなし〟を見ました。日本のむかしばなしは、正直に生きることとか、勤勉であることなどに重点が置かれていて、最終的に主人公が物質的に豊かになって「めでたしめでたし」で終わるのですが、私はこのことにいつも物足りなさを感じていました。

そのため「幸福の王子」の物語（たくさんの宝石をちりばめられた王子の像と、恵まれない人々にその宝石を届けるツバメの話。最後に像は捨てられツバメも死ぬが、二人は天国で幸せに暮らすことになる）との出会いは衝撃的でした。

第三章　神理と心理学

心理学では、神理（スピリチュアリズム）と重なる部分も多いのです。そこでこの章では、心理学の分野で神理と関係の深い題材を取り上げて、自由に語ってみたいと思います。

1. 心の構造

心の構造

心は、自我、個人的潜在意識、普遍的潜在意識の三つの部分に分けられます。

このうちの自我は、その人となりであるところの知覚や認知、感情や欲求、行動などを司っている部分です。

個人的潜在意識は、普段は思い出せないが、必要なときに取り出せる記憶などの貯蔵場所であり、また不随意運動などを司っている部分です。

そして普遍的潜在意識は、霊界とつながっているところであり、インスピレーションの源泉となっている部分です。

自我の構造

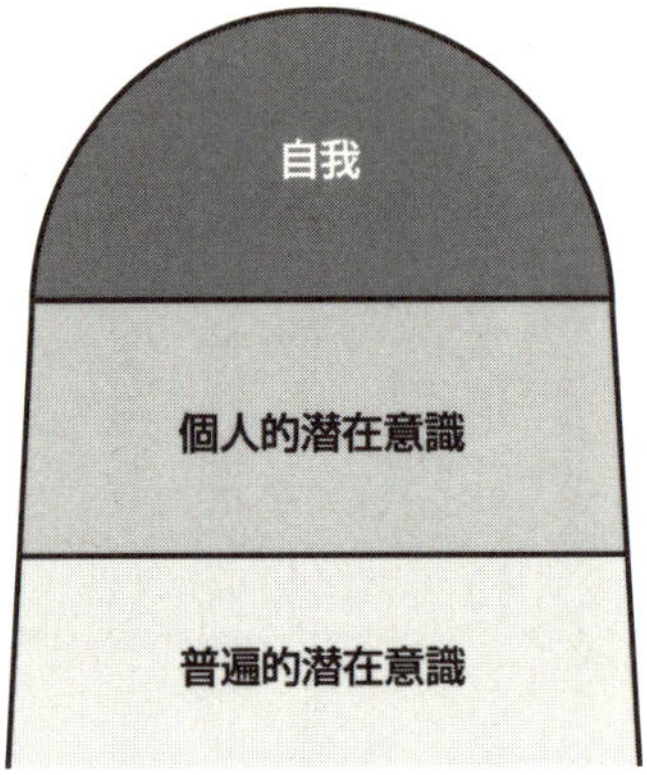
自我
個人的潜在意識
普遍的潜在意識

心の構造

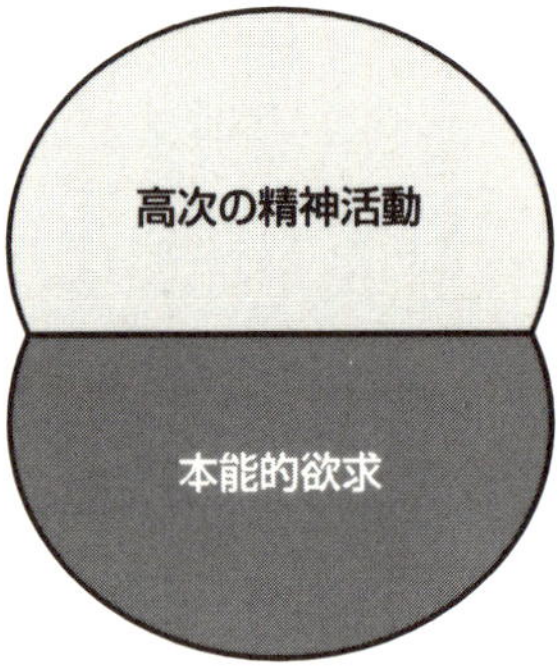
高次の精神活動
本能的欲求

自我の構造

さらに心の中の自我は、機能の違いによって二つの部分に分割することが可能です。すなわち、緻密な精神活動や高次の感情を司る部分と、生命の維持や種の保存のために必要な生理的欲求や、情動などを司る部分とに分けられるのです。

霊と肉体

それでは、霊と肉体は一体どのような関係にあるのでしょうか。それには次のような説明が適切だと考えられます。

「もちろん霊魂そのものも精神活動を営んでいる。しかしそれが肉体に宿ると、精神活動は中枢神経（脳）を介して生ずるようになる」

2. 抑圧

抑圧は理解しにくい

心理学で用いられる抑圧は、一般に次のように説明されています。

「耐えることのできないほどの強い感情体験（怒り、悲しみ、恐怖心など）を無意識に押し込めること」

しかしこの説明を読んでも、あるいは様々な書籍に掲載されている具体的な抑圧の体験の話を読んでも、本当の意味で理解できる人はほとんどいないと思います。

結局のところ、この抑圧という現象は、自分が体験するまでよく分からないものなのです。

私が抑圧を理解できるようになったのも、二六歳のときに実際に体験したからです。それでもこの抑圧を説明したいのは、次の節で〝性欲〟について解説するつもりですが、そのときに大変重要な鍵概念となるからです。

抑圧と脳

さてここから、抑圧について具体的に説明してゆきますが、これを読んでいる人にまず理解しておいてほしいのは、抑圧という現象はとても不思議な現象だということです。そしてこの抑圧は、脳の機能と直接関係しているということも頭に入れておいて下さい。

そうすると抑圧とは、脳は体験しているが、その体験している部分の脳神経細胞のスイッチがＯＦＦになってしまうことなのです。そのため、例えば怒りなどの強い情動体験を経験していても、それを認識できないということになるのです。

そしてもちろん、このスイッチがOFFとなってしまった脳神経細胞は、何かの拍子にONになることがあります。

また、これまでの説明で想像がつくと思いますが、抑圧というものは、それが解放されるまで抑圧していることさえ気づかないものなのです。

私の体験

それではここで、私の体験をお話しましょう。

先に触れた二六歳に体験したものは、私自身が抑圧というものを理解するのには役立ちましたが、様々な心理学の書籍に紹介されている抑圧の例より、分かりにくいものとなっています。

ところが最近（一九九九年五月〜）、抑圧の説明にうってつけの体験をしましたので、それを披露したいと思います。

左手の人差し指のキズ

一九八一年、私が二二歳のとき、農作業中、左手の人差し指の一部分をカマで削り取るという事故がありました。キズは深く、脂肪組織の少し下までえぐり取っていました。それだけのケガを負ったのだから、大変な痛み、いやな痛みに苦しめられるのが当然のことだろうと思うのです。しかし実際には、今考えても不思議なのですが、痛みらしい痛みは経験していないのです。やはり、どう考えてもおかしなことです。

指のキズ、その後

その指のキズは、その後も気になっていました。なぜなら、一年おきか二年おきぐらいに、それほど強いものではないのですが、痛みを経験していたからです。いやな痛みでしたが、いつも一ヵ月ほどで、いつのまにかその痛みは無くなっていたのです。そして一年後か二年後に、またそれを繰り返すということが続いたのです。

それからここ最近、五年間ほど、そういう痛みのぶり返しもなかったので、「もう痛むことはないのかな。治ってしまったのかな」と思っていました。

ところが、そのケガをして約一八年経った一九九九年五月、私が四〇歳のとき、本格的な痛みが襲ってきたのです。そしてその後二年以上にわたって、いやな痛み、大変な痛みに苦しめられることになったのです。

指のキズの解説

これらのことを解説しますと。結局この指の痛みというのは、二二歳のときに抑圧されていたわけです。つまり、脳ではそれを経験していたのですが、その当時実際に体験するにはあまりに耐えがたい痛みだったため、その痛みを経験している脳神経細胞のスイッチがＯＦＦとなっていたのです。

しかしその後、一年おきか二年おきぐらいに、その神経細胞はＯＮになりかけていたわけです。

そしてそのケガをした約一八年後、その痛みを経験した脳神経細胞は完全にＯＮになり、二二歳のときに体験しそこねていた痛みを四〇歳のときに再体験させられたわけです。

このように抑圧というのは、非常に不思議な現象であることが分かっていただけたと思います。

人差し指のキズ、カルマと使命

ここからは多少余談になりますが、この人差し指のキズの、カルマと使命について考えてみたいと思います。

そうすると、この人差し指のキズは、私にとってカルマの清算という側面と、使命という側面があると思うのです。

使命という面では、抑圧の現象を説明するのに、これほど適切な実例は望めないでしょう。

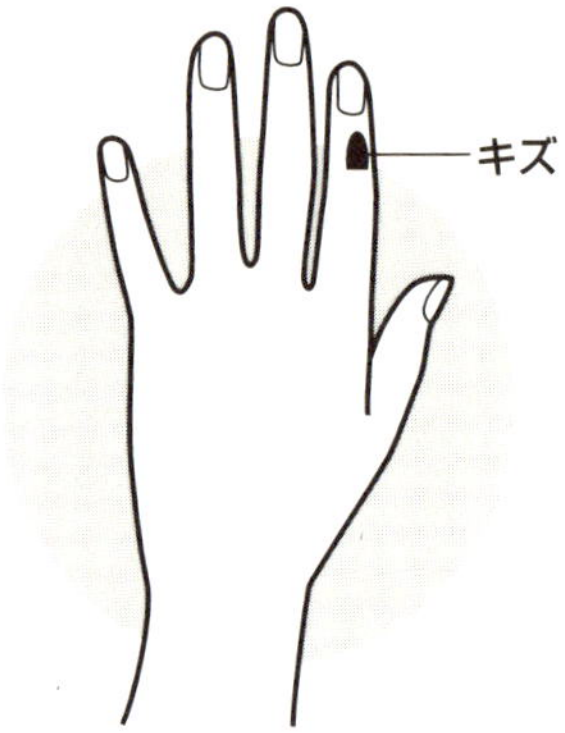

左手

そしてカルマという面では、おそらく前世で、他人が刃物で指を削りとった痛みに絶えている姿を見て、同情し、私も経験したいと思ってしまった可能性が高いと考えられます。

そのため、抑圧という現象を説明するのにふさわしい、今転生で体験したということだろうと思います。ただ、もう二度と御免こうむりたいですが。

なおこの指のキズは、その深さも計算しつくされた感じがあります。今より浅ければ、痛みはそれほどでもなかったでしょう。また今より深ければ、指がだめになっていたでしょう。そういうギリギリの線だったと思います。

3．性欲

一九八五年～一九八七年、私の年齢では二六歳から二八歳までの約三年間、性欲との格闘がありました。

最終的には、この性欲というものを徹底的に観察してやろうと決意するのですが、その結果、性欲の正体が明らかになりました。

性欲の正体

結論から言うと、性欲とは、身体の中の空気、あるいは何らかのガスを生殖器から放出させたいという欲求です。

尿意とは、膀胱に溜まった尿を放出させたいという欲求です。しかし、男性は薄々気づいていると思いますが、性欲は溜まった精子を放出させたい欲求ではないのです。したがって精子が放出されるのは、男性の身体がそうなっているからにすぎません。

なお性欲は、心理学的メカニズムと複雑に絡んでいて、一筋縄ではいかないのですが、この心理学的メカニズムを一つ一つ解明し、外してゆくと、遂には性欲とは体内の空気を放出させたい欲求であることが見えてくるのです。

二種類の性欲

それから性欲には、第一の性欲（襟首の少し下あたりを発生源とした空気を放出させたいという欲求）と、第二の性欲（心臓の少し上あたりを発生源とした空気を放出させたいという欲求）の二種類があります。

そしてこれら二つの性欲は、時期をずらして出現します。第一の性欲は一三歳ぐらいから、第二の性欲は二五歳ぐらいから始まるのです。

ゆえにこれらは、一三歳ごろに第一の性欲が始まり、二五歳ぐらいで第二の性欲に切り替わる、というふうに考えてもらえればよいのです。

性欲と抑圧との関係

また性欲は、第一の性欲、第二の性欲とも、始まってまもなく非常に強い時期を迎えます。それは、それまで空気が生殖器から放出されることなく溜まり続け、それが一挙に出現するからです。

そしてそのとき抑圧が生ずるのです。なぜなら、もしその出現した性欲をある程度抑え込まなかったら、強い性欲により、何も手につかない状態が続いてしまうからです。

性欲の段階

ところで性欲は、その精神状態の違いによって段階があると考えられています。哲学者や心理学者で、多少そのことに触れている人もいます。

あるいは一般に、性欲の段階を表わす言葉として、〝愛のあるセックス〟とか〝生理的欲求を満たすためだけのセックス〟とか言われることがあります。これらの表現が適切なものか疑問に感じますが、性欲に種類、段階があるらしいことをかなりの人が感じている証拠になると思います。

実は性欲には、その精神状態の違いによって四段階あるのです。それらは次のとおりです。

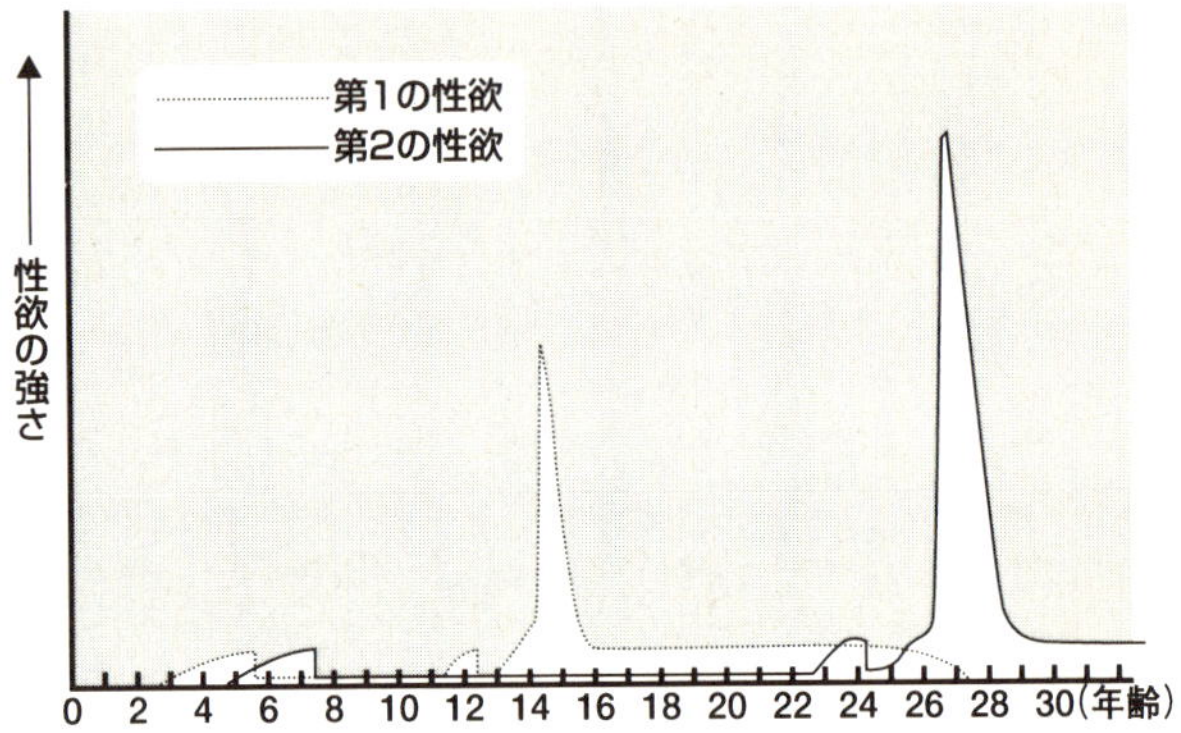

抑圧が生じなかった場合の性欲の強さの推移

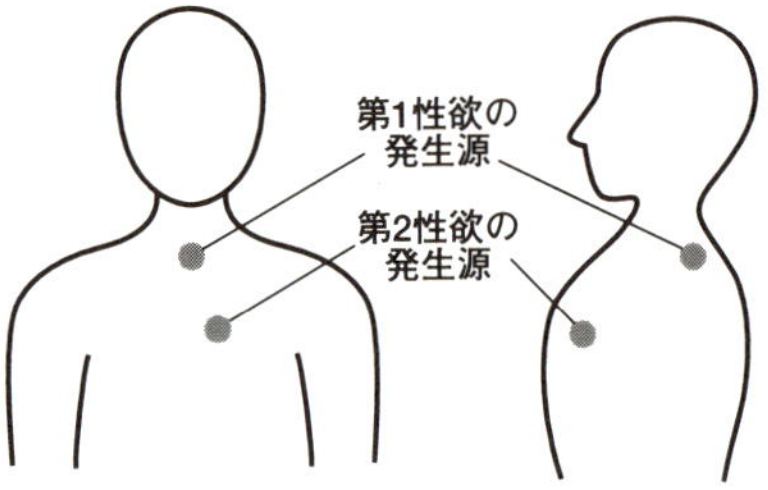

第1、第2性欲の発生源の位置

①レイプ型性欲
②痴漢型性欲
③成熟型性欲
④エロス型性欲
①より②、②より③、③より④の方が上の段階の性欲です。
このうち、レイプ型性欲と痴漢型性欲は、だいたいどんなものか想像できると思います。それから成熟型性欲ですが、〝未成熟な女の子にいたずら〟といったときの性欲は、この成熟型性欲にあたります。

そしてエロス型性欲ですが、これについてプラトンは次のように解説しています。

「エロスを二つに引き裂かれた人間が自身の片割れを求めてこれに出会い、互いに抱き合ってもとの一体性を回復することだとした。エロスは愛し合う者の抱擁に終わるのではなく、生殖の行為まで至らねばならず……」

これほど神聖なものか疑問に感じますが、このエロス型性欲は、よほど二人の相性がよくないと出現しない性欲であることだけは確かです。

4. 発達心理学

心理学には様々な分野がありますが、その中に発達心理学があります。文字どおり人の心の発達を研究する部門ですが、主に、人の多様性ではなく共通部分を見いだしてゆこうとするものです。

そのため〝幼児心理学〟や〝児童心理学〟が主流で、個人個人発達状況に違いがありすぎる思春期以降は、お手上げと言ってよい状態です。

発達課題

そこで発達心理学は、思春期、青年期、成人期などの発達を説明するために、それぞれの時期に克服しておかなければならない〝発達課題〟という考えを取り入れました。

私も〝発達課題〟自体は正しいものだと思うのですが、この課題というのが結構厳しくて、次元でいうと六次元神界以上の人でないと難しいと思われるのです。

そのためクリアしている人は、おそらく全人口の数パーセントに過ぎないのではないか

青年期の発達課題（ハヴィガーストによる）

1．同年齢の男女との、洗練された新しい交際を学ぶこと。
2．男性として、また女性としての社会的役割を学ぶこと。
3．自分の身体の構造を理解し、性役割を理解すること。
4．両親や他の大人から情緒的に独立すること。
5．経済的な独立について自信を持つこと。
6．職業を選択し、準備すること。
7．結婚と家庭生活の準備をすること。
8．市民として必要な知識と態度を発達させること。
9．社会的に責任のある行動を求め、それを成し遂げること。
10．行動の指針としての価値観や倫理体系を学ぶこと。

と考えられるのです。

それでは、大多数の〝発達課題〟を克服できなかった人達はどうなるのでしょう。そういう人達に向かって「残念でしたね。一生台無しでしたね」とでも言うつもりなんでしょうか。そのあたりのことについて言及されることはありません。

発達心理学の課題

結局のところ発達心理学は、人の一生を一回きりだと考え、そこにすべてを押し込もうとするところに無理があるのです。

したがって、「人は何度も生まれ変わることによって精神的に成長する」という考えを導入しないかぎり、発達心理学は窮屈な学問であり続けるのです。

5. フロイト心理学

フロイトの死後

心理学を発展させるために、数多くの高級霊が活躍してきました。フロイト（1856～1939）もその中の一人ですが、彼は死後よくないことになっています。地獄でもない天国でもない無意識界というところで、起きているのか眠っているのか分からない状態に置かれているのです。

この無意識界にはマルクス（1818～1883）がいますが、彼が唱えた社会主義思想は、20世紀末の社会主義体制の崩壊とともに過去のものになりつつあります。そのため彼は、そろそろ目覚めの頃だろうと思われるのです。

しかしフロイトに関しては、まだ彼の学説は現在でも生きており、その間違った思想で人々に害を与え続けています。したがって、それが過去のものとなり、ほとんど誰も顧みなくなるまで無意識界から抜け出すことはできないのです。

フロイトは無神論者、唯物論者

さてフロイトの思想ですが、ここで詳しく解説するつもりはありません。主要な部分をお話ししましょう。

まずフロイトは、ガチガチの無神論者、唯物論者であったことを頭に入れておいて下さい。また初期の自由連想法の手法など、残しておくべきものもありますが、ほとんどがでたらめであると思って下さい。

例えばフロイトの説に、幼児期にトイレ・トレーニングに失敗するとケチな性格を形成するというものがあります。

トイレ・トレーニングとケチな性格とに関連があるのか、私は疑問に感じていますが、もし関連があったとしても、生まれつきケチな性格だから幼児期にトイレ・トレーニングに失敗したと考えてもよいわけです。

性エネルギー

さて、フロイトの学説を理解する上で最も重要なものは、性エネルギー理論です。

フロイトはこの中で、汎性欲説というべき理論を展開しています。性欲が心の根源的エネルギーであり、これが芸術や学問、スポーツなどに利用されると考えたのです。つまり性欲によって、心の中のエネルギー保存の法則が成り立つと考えたわけです。

確かにこの仮説は魅力的であり、受け入れやすい感じがあります。しかしそこが落とし穴でもあるのです。

たとえば極端な例として、フロイトの忠実な後継者であるライヒという人物は、オルゴン・エネルギー（オルガスムから名を取った）という、ありもしないエネルギーで病気を治すという、新興宗教の教祖も顔負けなことまでやってのけているのです。

そして実は、ここのところがフロイト理論の急所なのです。したがって、この性エネルギー説さえ突き崩すことができたら、フロイトの理論を過去に葬ることができるのです。

6. ユング心理学

ユング（1875〜1961）は日本で人気があります。ユング自身、霊的なものを深く理解していたということもあって、彼の思想に神秘主義的な雰囲気があるからです。

それから人気が高いもう一つの理由として、元型、アニマ・アニムス（男性の中の女性性・女性の中の男性性）、外向的・内向的など、読み物として面白く、読んだだけでユングの思想を分かった気になれるからだと思います。

しかし、ユングが最も力を入れた思想である〝個性化〟を理解している人は少ないでしょう。個性化とは簡単にいうと、「元型を意識化し自我に統合すること」ですが、おそらくこの説明でも理解できる人は少ないでしょう。

そこでここから、個性化について分かりやすく解説してゆきたいと思います。

個性化と元型

ユングは元型として、ペルソナ、アニマ・アニムス、影、グレートマザー、老賢人、自己を挙げています。ただ、その性質上まだ他にもある可能性があります。

これらの元型を同列に扱ってよいのか、私は疑問に感じるのですが、ユングはこれらの元型を意識化し自我に統合することが個性化だと考えました。

元型は生き方のレシピ

すると結局この元型というのは、正しい生き方の方法、レシピなのです。つまり人は元型どおりに生きれば、それでおしまい、完成となるわけです。もちろん元型（レシピ）は、すべての人に同じものが与えられています。ただ、誰もそれを見ることはできないのです。

しかも元型どおりに生きるには（元型を意識化するには）、多大な努力と、大きな困難に立ち向かう勇気が必要で、非常に難しいことなのです。

ところで多くの人は、「同じ生き方をするのなら、それは個性化ではなく没個性化ではないのか」と疑問に感じるでしょう。そのために一つの例を用いて説明したいと思います。

顔とその設計図

生き方と元型との関係は、顔とその設計図の関係に例えると理解しやすいと思います。例えば、すべての人に顔の設計図が与えられているとします。まったく同じものですが、誰も見ることができません。そして人は、その見たこともない設計図を手がかりに顔を作ってゆくわけです。

そういった手探りの状態で顔を作ってゆくわけですが、鼻が目の上にあったり、目と口が入れ替わってもいけません。それは間違っているのです。

そのようにして出来上がった顔を見ると、みんな同じです。目、鼻、口があり、位置も大きさも変わりありません。しかしまったく同じ配置でありながら、一人として同じ顔はないのです。

これが生き方と元型との関係に当てはまります。皆同じ元型を与えられていて、元型どおりに生きなければなりません。しかしそのとおりに生きたとしても、一人として同じ生き方をする人はいないのです。

以上が個性化についての解説です。なおユングは、最高度に個性化を遂げた人物の例として、イエス・キリストと仏陀を挙げています。

ユング心理学と心の法則

ユングは、心の法則に関しても言及しています。それは「心の中の深い部分で、そうなりたいと望んだことが現実として出現する」というものです。

すなわち幸福な状態であれ不幸な状態であれ、法則性に従って、心の中にその人にふさわしい状況が描き上げられ、そしてそれが現象化するということです。

ただし本人でも、自分の心の深い部分で、どのような未来が描かれているのか知ることはできません。しかし、どれほど不幸な未来であったとしても、それは、その人の心の深い部分では望んでいた状況、その人にとってふさわしい状況なのです。

心の法則と事故

したがって現在の状態というのは、すでに心の中で起きていて、それが現象化したものだと考えられるのです。

ここで、もっと分かりやすくするために事故を例にとって説明しましょう。

すると、たとえそれが小さなものであっても、事故を望む人はいないでしょう。しかし実際に事故に遭ったのなら、それは心の深い部分ではその状況を望んでいたのです。

つまりそれは、何かの気づきを与えるためなのかもしれないし、あるいは軌道修正を促しているのかもしれないのです。

7. 多重人格

多重人格とは、一人の人間に複数の人格が現われる現象のことです。

それはいつ起こるか予想がつかず、また別の人格が現われた場合、本人はそのときの記憶がないという特徴があります。

多重人格については、少し前、アメリカで連続強姦事件を起こしながら、精神異常の扱いで無罪になった事例が報告されているので、知っている人もいると思います。

多重人格とは

さてその原因についてですが、心理学者は「抑圧していた人格が現われた」とか、「コンプレックスが人格を持った」など、もっともらしい説明をしています。

しかし霊に関心のある人なら誰でも考えるでしょう、「多重人格は憑依現象だ、多重人格者を霊媒とした霊道現象だ」と。

それでは多重人格はなぜ起こるのでしょう。次にその原因を探ってみたいと思います。

多重人格の原因

多重人格は幼児期に原因があると言われています。幼児期に親や大人から、ひどい虐待を受けた者が多重人格者になると考えられているのです。

それではなぜ、虐待を受けた者が多重人格者になるのでしょう。それは以下のことが考えられます。

『虐待を受けた側は、そこから逃れたくてしかたありません。しかし幼いときは、物理的にはそうすることができないのです。

そこで虐待を受けた子供は、今虐待を受けているのは自分ではないと考えようとするでしょう。するとそのうち、身体から魂が抜け出せるようになり、それが常習化し癖になってしまうのです。

そして空き家になった身体には、様々な霊が、入れ替わり立ち替わり入り込むようになるのです。』

多重人格と波長同通

ところで、多重人格にも波長同通の法則が働いています。多重人格者本人と精神レベルの違いすぎる霊は憑依できないのです。なぜなら、入られる側も落ち着かないし、入る側も居心地が悪いからです。

それでは、多重人格者が他の人格のときに罪を犯した場合、その罪はどう配分されるのでしょうか。そのことについて考えてみたいと思います。

先程の強姦事件の場合、もちろん本人がそのときの記憶がないという条件つきですが、おそらく罪は、多重人格者と霊とで半々になると思います。

多重人格者側にも、邪悪な霊を受け入れたという罪があるからです。そして霊の方は、死んでからもさらに罪を重ねたことになるのです。

8. 天才

天才とは一般に、人類の進歩に貢献した人物という定義がなされています。別の言い方をすると、偉人、先駆者、先覚者のことです。

天才と狂人

天才は常識はずれな人物だと考えられています。そのため一般に、「天才と狂人は紙一重」などと言われています。これは、天才と狂人は、ほんのちょっとした精神構造の違いがあるだけで、どっちに転ぶか分からないという意味に取られています。

確かに両者とも、常識はずれであるという点では共通しているかもしれません。しかし天才と狂人は、まったくの別物なのです。ただ一般の人には区別がつかないということに過ぎないのです。

例えば、ここに「私はナポレオンの生まれ変わりだ」と主張する人物が二人いたとします。すると狂人の方は、精神がキレた状態、いわゆるプッツンした状態でしゃべっているに過ぎません。

これに対して天才の方は、強い意志力に裏打ちされて主張しているのです。

しかし一般の人から見ると、外見上は見分けがつきません。これが「天才と狂人は紙一重」と言われるゆえんなのです。

常識に対する態度

ところで天才と狂人は、両者とも常識はずれな人間だと説明してきましたが、その常識に対する態度が異なっています。

狂人は常識をまったく無視しています。これに対して天才は、彼が熱中していること、あるいは強く信じていることに関しては、一般の人に特異な印象を与えるかもしれません。しかし日常生活は、別段変わったところはないのです。なぜなら天才は、いつも次の言葉を心に留めているからです。

「常識は尊重しなければならない。しかし信用してはならない」

新しい発見について

それから、よく研究者に見受けられるのですが、一般の人は新しい発見、発明を現在の常識の延長線上にあると考えているようです。

しかし天才は、そうではありません。いつも常識に疑いの目を向けていて、常識を鵜呑みにすることはないからです。

そしてこれは、一般の人と天才とが、異なる道を歩んでいることの証になるでしょう。

天才であることを知っている

それから天才の最も重要な特徴として、天才は自分が天才であることを知っている、ということが挙げられます。

著者の名前もその内容も忘れたのですが、かなり以前、私はある学術書に天才についての記述を見つけました。

その本によると、「その業績が後に評価されることによって、初めて天才と呼ばれるようになる。だから、業績を発表した時点では天才かどうか分からない」といった内容の文章が書かれてありました。

そしてさらに、「だからその著者本人も、後に天才と呼ばれるかもしれない」と、後に天才と呼んでほしいという気持ちたっぷりに書いてあったのです。

しかし残念ながら、「自分が天才かどうか分からない」などと告白する天才はいないのです。天才は、自分が天才であることを充分すぎるくらい認識しているのです。そして、自分のことを天才だと認識している者だけが、後に天才と評価されるのです。

第四章　推薦書籍の紹介と解説

○「シルバー・バーチの霊訓」（1〜12）　近藤千雄訳　潮文社

この霊訓は、イギリス人モーリス・バーバネルを霊媒として、二〇世紀中盤に、実際に声に出す霊言のかたちで記録されたものです。

この本の中でシルバー・バーチは、愛、奉仕、魂の法則性、苦難の意義、自由意志、そして理性による判断の重要性を説いています。そしてこの中で特に、奉仕（英語ではサービス）の重要性が強調されています。

奉仕は霊の通貨

そしてそれを表現するために、この本のあちらこちらに「奉仕は霊の通貨」というフレーズが出てきます。

奉仕、すなわち、他人のために自分を役立てることとは、人を霊的に豊かにするということは、誰にでも理解できることです。

ただ当初私は、この「奉仕は霊の通貨」という文句は、そういう意味だけなのだろうと思っていました。しかし最近は、考えが少し変わってきたのです。

というのは、この世では、お金を得て必要なものを買い求めます。しかし、どうやら霊の世界では、人のために何かをしてあげることによって他の人から奉仕を受けることができる、というシステムになっているらしいのです。

したがって「奉仕は霊の通貨」は、単に〃奉仕は人を霊的に豊かにする〃という意味だけではなく、霊の世界での常識を説明している側面もあるようなのです。

私のお気に入りは第五巻

さて、シルバー・バーチの霊訓は全部で一二巻ありますが、これを読む際の注意点として、第一巻は後回しにしてほしいということがあります。

第一巻は、シルバー・バーチの教えをまとめた形で書いてあるのですが、そのぶん取っ付きにくく、難しく感じてしまうからです。

最初に読む人は、第一巻以外ならどれでもいいのですが、個人的には第五巻を薦めます。青年牧師との論争、動物が死後どうなるか（この中で、人間の次に霊的に進化しているのが犬であることなどが述べられている）、などバラエティに富み、興味を引く内容が盛りだくさんだからです。

シルバー・バーチの正体

ところでシルバー・バーチの霊訓の中でも、シルバー・バーチの正体は一体誰なのか、という話題は再三取り上げられました。しかし結局、今からほぼ三千年前にこの地に生を受けたということ以外、何も明らかにされませんでした。

そこで、私なりに調査した、シルバー・バーチの正体についてお話ししたいと思います。

エジプトのファラオ

私も、シルバー・バーチの霊訓を読んだ人なら誰でも持つであろう関心事、シルバー・バーチの地上時代の人物は誰なのか、という疑問をおりに触れて抱き続けてきました。

そうしているうち、一九八九年の夏だったでしょうか、霊訓の第八巻を読み返しているとき、12ページに妙に引っ掛かる個所があったのです。それは次の部分です。

「かりに私が地上でファラオだったと申し上げたところで、何にもならないでしょう」

これを読んだとき、これはおかしい、中途半端に具体的過ぎると感じたのです。もし全くのデタラメであるなら、ラムセス二世だとか、もっと具体的に話すはずだからです。

さっそく百科事典などで調べてみると、数あるエジプトのファラオの中で、年代的にも業績的にも、地上時代のシルバー・バーチとしてピッタリの人物を見つけたのです。それが、紀元前一四世紀のエジプトのファラオ、アメンホテプ四世（アケナテン）です。

彼は現在、史実に残る最初の宗教改革者、という評価をされています。それまでの多神教を捨て、一神教を創りだした人物です。

ついでに言いますと、このアメンホテプ四世は、実は私の前世での人物でもあるのです。すなわち、このシルバー・バーチは、私の魂の本流部分でもあるということです。

私の転生

それではここで、私の転生についてお話ししたいと思います。

まず一つ前が、一二世紀フランスでクレルヴォー修道院の修道院長として生きた、聖ベルナール（ベルナルド、ベルナルドゥス）です。国王の相談役、教皇の顧問として、一二世紀に多大な影響を与えました。

その前が、二世紀インドの仏教学者、竜樹（ナーガールジュナ）です。大乗仏教を主流にまで高めた人物です。

そしてその前が、先程のアメンホテプ四世（アケナテン・紀元前一四世紀）です。

そしてさらには、今では伝説上の人物となっている、ヒンドゥー教の神様の一人、ヴィシュヌも私の前世での人物です。また他には、古代マヤ文明にも関わっていると考えています。

○「モーゼスの霊訓」（上）　W・S・モーゼス著　近藤千雄訳　太陽出版

この霊訓は、一九世紀後半、イギリスの牧師であったモーゼスを霊媒として、自動書記のかたちで送られてきた霊訓です。

送る側の中心となる霊は、インペレーターと名のる、紀元前五世紀に生きた旧約の預言者の一人、聖マラキです。その他、新プラトン主義哲学の創始者、プロティノスなどが通信を送っています。

この霊訓は、他の霊言と比較して、厳しさを感じさせる内容になっています。またモーゼスは、最初から霊言の中身を受け入れていたわけではなく、徐々に信じていった経緯がよく読み取れる内容となっています。

○「霊の書」（上・下）　アラン・カーデック編　桑原啓善訳　潮文社

この霊言は、一九世紀中盤、フランスのアラン・カーデックという人物が、テーブル・

ターニング現象（日本でいう、コックリさんのようなもの）を利用することによってもたらされた、霊界からの通信を整理編集したものです。

コックリさんと聞くと、低俗なものを想像してしまうと思いますが、決してそんなことはなく、内容は高度で、学ぶところが多いものとなっています。

なお通信の手法が手法なだけに、カーデックが質問をして、霊が答えるという形を取っており、他の霊界通信とは趣の違ったものとなっています。

質問は多岐にわたっており、読者が日ごろ抱いていた疑問と一致する内容のものにも必ず行き当たるでしょう。

○「善川三朗氏と大川隆法氏の著書」

前に少し説明したように、善川三朗さんの著書も、大川隆法さんの著書も、推薦できると思います。もちろん私は、特定の宗教に籍を置いたこともなければ、特定の宗教に肩入れするつもりもありません。しかし、この二人の著書は、真実をついているところがあると思うのです。

ただ、善川三朗さんの本は問題ないとして、大川隆法さんの本を読む場合、一つだけ注意点を挙げておかなければならないでしょう。

それは、本を手にしたら、まず初版の年度を確認してほしいということです。それが、もし一九八九年（平成元年）以前のものでしたら、まるまる受け入れて下さればよいと思います。読んでいて、たまに「ほんまかいな」と思うところも出てきますが、それはそれで、受け流してしまえばよいことですから。

しかし、それが一九九〇年（平成二年）以降のものであるなら、自分で判断しながら、受け入れられるものと、そうでないものを選り分けることが必要となるのです。

○「WE DON'T DIE」　ジョエル・マーチン著　糸川洋訳　光文社

○「リーディングの奇跡」　糸川洋著　ＰＨＰ文庫

この二つの本は、一九五二年アメリカのニューヨーク州ロングアイランドに生まれた、ジョージ・アンダーソンによる、リーディングの様子を記録したものです。

リーディングは主に、近親者が亡くなって落ち込んでいる人のために、その亡くなった霊からのメッセージを受け取り、それを遺族に伝えるという形式で行われています。

「WE DON'T DIE」では、アメリカで行われたリーディングが、「リーディングの奇跡」

では、日本で行われたリーディングが紹介されています。遺族と、すでに亡くなっている人物とのやりとりで、感動的な場面も多く、内容に引き込まれます。

「WE DON'T DIE」では、ジョージの生い立ちが掲載されています。小さい頃から霊能力を持ったことによる、世間からの偏見、誤解などが詳しく書かれてあり、これもスリリングで興味深いものになっています。

○「生きがいの創造」「生きがいの本質」　飯田史彦著　PHP研究所

この二つの本は、一九六二年生まれの福島大学経営学科の助教授である、飯田史彦さんによって書かれたものです。

大学の先生が書いた本ということで、読む前私は、まわりくどい、靴の上から痒いところを掻くような、まだるっこしさを感じさせるものではないかと考えていました。

しかし実際読んでみるとそんなことはなく、逆に、あまりにストレートに霊や生まれ変わりについて語られているのに面喰ったほどです。

内容は、生まれ変わりの話あり、この世で生きる上での過去世の影響の話しあり、また、先に紹介したジョージ・アンダーソンのリーディングの話しありと、多岐にわたっています。

また本の中に、一般の人からの投書による感想も載っており、これも興味深いものになっています。

飯田史彦さんの神秘体験

それから、この二つの本には、ほんの少しですが、飯田史彦さんの神秘体験のことも述べられています。

私の想像では、飯田さんは前世で、イエス・キリストの直弟子だった人ではないかと思っています。

すなわち、ヨハネ、パウロ、マタイ、ヤコブのうちの誰かではないかと考えているのです。もしかしたら、飯田さん本人はもう知っているのかもしれません。

○「死者Xから来た手紙」　エルザ・バーカー著　宮内もと子訳　同朋舎出版

この本は、一九一二年に亡くなった、デイヴィット・パターソン・ハッチという人物から、一九一三年に、彼と面識のないエルザ・バーカーという女性に送られてきた通信をま

れています。

デイヴィット・パターソン・ハッチの、霊界の低い界から高い界までの見聞録がつづられています。

とめたものです。

低い界でのエピソード

その中で、低い界でのエピソードが新鮮で、興味深く読めました。

その一つとして、霊界では、おたがいその気がなければ、顔を合わせても挨拶を交わさないという個所があり、興味を引かれました。

考えてみると私にも、会話を交わすでもなく、挨拶だけしかしない人物が何人かいるわけで、本当に必要なのか、常々疑問に感じていました。だから、その解答を見つけたという印象だったのです。

ただ、それを知ったからといって挨拶をしなくなる、というわけではないのですが。

それからもう一つ興味深かったのは、低い界では、生まれ変わりのことを知らない人が、たくさんいるということです。

しかも、それればかりではなく、「あの世」では、「この世」の存在を信じていない人が結構いるという説明には驚かされました。

○「天界からの音楽」　F．ヘルベルト・ヒルリングハウス編　松浦賢訳　イザラ書房

この本は、一九一五年、第一次世界大戦の戦闘中に亡くなった、ドイツのジークヴァルトという青年から、妹に送られた霊界通信です。

受け取る人物が仲のよかった妹ということで、肉親や妹に対する、愛情あふれる内容となっています。

また、その頃すでに有名だった神智学のルドルフ・シュタイナーが、信頼できる霊界通信だとして、この本に対し太鼓判を押したという経緯もあります。

それから、送り手のジークヴァルトが音楽家であったこともあって、音楽の重要性が多く語られています。実際、音楽が心を安らげたり、魂を鼓舞する効果があることは、一般によく知られていることです。

三つの道の話

ところで、この本の中でジークヴァルトは、頂上に向かう三つの道の話をしています。

それは私たちに、生きるヒントを与えてくれているのです。


「愛、あるいは譲歩の道」

「信仰、あるいは謙虚さの道」

「苦しみ、あるいは決然の道」

その説明として、

「多くの人は、いばらにおおわれた愛の道を歩みながら、丘や谷を越えていきます」

「またある人々は、広いが複雑にからみあった信仰の道を選びます」

「苦難と決然の道を歩む人は、ほとんどいません。この道を選んだ孤独な魂たちは、すばやく上へと昇っていきます」


このように私たちには、生きる道として、三つの道が用意されているのです。前の二つは一般の人が歩む道であり、三つ目の苦難の道は、いうなれば偉人が歩む道です。

○**「ダビデの星からのメッセージ」（続、続々）　ニーニョ・デ・ベルダー著**

桑原啓善編　でくのぼう出版

この三冊の本は、北海道に住む主婦に、一九八九年（平成元年）から一九九一年（平成三年）にかけて届けられた霊界通信をまとめたものです。

通信手法は、霊からのメッセージをインスピレーションのかたちで受け取り、それを記帳するという方法を取っています。

送られてくる内容は、間違いなく高級霊からのもので、訓話だけではなく、人類への警告も述べられています。

著者の心の変化

それでは、この三冊の著書で、最も興味深いところをお話ししたいと思います。

そうすると、この「ダビデの星からのメッセージ」「続」「続々」は、たとえるなら、使用前、使用中、使用後といった雰囲気があるのです。というのは、この三冊の本からは、著者の心の変化がよく見て取れるからです。

すなわち、初めのうちはなかなか霊の考えが届きにくく、そのうちスムーズに届くようになり、そして最後には「私は他の人と違って優れているんだ」という気持ちが出てしまい、違うものに魅入られることになる、といった心の移り変わりがよく見て取れるのです。

一冊目は、この主婦の考えや思いが霊界通信の中に入り込んでいて、物足らないものになっています。一冊目で私が引き込まれたのは、終わりの方だけでした。

二冊目の「続」は、優れたものです。初めから終わりまで、のめり込むように読んでしまいました。この巻は、霊からの通信がストレートに伝えられていると感じました。

そして三冊目の「続々」は、違うものの影響をあちこちに感じさせる内容となっています。たまに魂に響く文章があるのですが、通信された年月日を見ると、初期のものであることが分かるのです。

「私はあなた、あなたは私」

ところでこの三巻目には、「私はあなた、あなたは私」というフレーズが出てきます。これは、自分と他人との境界がなくなるという教えのようです。しかし高級霊になるほど、個人主義（利己主義ではない）が徹底されてゆくものであり、到底受け入れられない教義です。

なおこの「私はあなた、あなたは私」は、この著者ではない他の、霊を扱った本にも登場しています。これは、ある特定の宗教悪霊の得意のフレーズのようです。

これまでの解説で分かるように、これら三冊は、神理、スピリチュアリズムを学んできた人に、別の意味で推薦できる作品です。ただ、良いものだけを手にしたいと思われる方は、二冊目の「続」を薦めます。

○「マリアのメッセージ」　アニー・カークウッド著　門山ひとみ訳　近代文藝社

この本は、一九三七年アメリカのテキサス州に生まれた、アニー・カークウッドという女性が一九八〇年代に、聖母マリア（ということになっている）から送られてきたメッセージを整理、編集したものです。

内容は、人類の危機の予言、祈りや愛についての教えなどです。

予言に関しては、具体的な年代が書かれているのですが、現時点で外れたものがほとんどで、信用を失う感じがあります。

そのせいもあって、この本は「そーかー?」「ほんまかい」を連発しながら読み進むことになります。しかし読み物としては面白く、勉強になるところも多いのです。

また、送り手が聖母マリアということもあって、神に対する信仰をストレートに訴えかけているのが、新鮮に感じます。

ところで、納得できないところが多いと感想を述べてきましたが、この本の中で二章分、〝聖母マリアからの世界の人々へのメッセージ〟と〝皆さんの霊〟は、ほとんど手放しで推薦できる部分です。

心の法則についての言及

さて私は、私の著書の中で、心の法則を知ることの重要性を説いてきました。そして、この本の中（〝皆さんの霊〟の章の中）にも、心の法則について言及している個所があるのです。そこで、次にそれを紹介したいと思います。

「どんな小さなことでも、言葉でも、考えでも、決定でも、選択でも、霊的自我は気づいています。この霊的自我は感情を交えず、断固、任務に励みます。何でも入念に記録するのです。そして霊的自我は、裁きのときに全てをさらけ出します」

シルバー・バーチによる心の法則の解説

これに似たものは、先に紹介したシルバー・バーチの霊訓の中にもあります。

「いわゆる因果律というのは、必ずしも地上生活中に成就されるとは限りません。しかしいつかは成就されます。その作用には情状酌量といったお情けはなく、機械的に作動します。罪を犯すと、その罪がその人の霊に記録され、その分だけ苦しい思いをさせられます」

これらはどちらも、私の本でも説明したように、心の法則性、あるいは魂の法則性の冷徹さを表現したものです。

○「天使があなたの意識の扉を開く」　佳川紘子著　たま出版

この本は、佳川紘子という一九四二年生まれの女性（声優をしているらしい）が、一九八〇年代に受け取った霊界通信です。

手法は自動書記によるもので、送り手は、キリスト教の大天使ミカエルと名のっています。本当にミカエルかどうか、その真偽はともかく、内容はしっかりしたもので、高級霊であることは間違いありません。

本の中身は、ミカエルと名のる霊の指導を受けながら、著者やその周辺の人が成長してゆく様を書き留めたものです。なお、ミカエルの最初の指導は、新聞に全部目を通すといった常識的なものでした。

たいした本ではない、という印象を持たれるかもしれませんが、決してあなどることのできない一冊となっています。

守護、指導霊のはたらき

ところで、これとは全く関係ないのですが、私の指導霊は、正真正銘ミカエルです。

それから、人には必ず守護霊が付いていると言われています。しかし守護、指導霊と聞いても、何をしてくれているのか、どれだけ行動や思いに影響しているのか、分かりにくいと思います。

実は、我々が自分の意思で行っていると思っていることで、守護、指導霊の意向に従って動いていることが結構あるのです。

○「神々の予言」　ジョージ・H・ウイリアムソン著　坂本貢一　ごま書房
この本は、大きく第一章と第二章に分かれていて、第一章はアンデス山中にある修道院の説明がされています。第二章は、その修道院の関連施設である、図書館に保存されている記録を翻訳したものが掲載されています。

第一章は納得しがたいところが多く、あまり薦められません。しかし第二章は、細かい部分では受け入れられない点もあるのですが、大筋で問題はなく、立派な内容となっています。

心の教え

第二章には、題名からも推察できるように、人類の危機に関する予言を中心にして書かれています。しかし私がこの本を推薦するのは、その内容に、心の教え、人の生き方に関する教えも含まれているからです。

特に次に紹介するものは、この本の、心の教えにおけるエッセンスのようなものです。

「人は暗闇を恐れる？ 我々に言わせれば、それは違う。そうではなく、人は光を恐れるのである。人が身の安全を感じることができるのは、暗闇の中だけだからである。

そして人は、光の中に入って行くとき大きな勇気を必要とする。人にとって勇気が必要なのは、暗闇に入って行くときではなく、光の中に入って行くときなのである」

これは、常識の中に埋没することより、自分に正直に生きることの方が勇気がいる、ということを示したものです。そしてこれは、人間の本当の生き方とは何か、我々に気づかせてくれるのです。

○「五島勉氏のノストラダムスの予言書解釈」

ここでは、五島勉さんのノストラダムスの予言書解釈について、お話ししたいと思います。

世間では、五島勉さんのことを悪く言う人もいるようですが、ノストラダムスの予言というものを日本に定着させた功績は大きく、私は、五島勉さんのことを菩薩界出身の高級霊だと考えています。

確かに解釈には、早とちりや、勇み足、そして多少暴走ぎみのところもあるのですが、他の人の予言書解釈と比較して、おおよその部分で手堅く、信頼できるものとなっています。

バブルとその崩壊

特に、「ノストラダムスの大予言（日本編）」の中で、一九八七年という、これから正にバブル経済のピークを迎えようかという時期に、ノストラダムスの予言詩から、バブルとその崩壊を読み取っているのは見事というほかありません。

そしてその本の中で、五島勉さんは、バブル崩壊後の〝日食〟で象徴される、一九九〇年代の経済的、社会的危機をも言い当てているのです。しかもその日食が、〝メルキュール〟で象徴される、日本の技術力によって緩和されることも読み切っています。

実際、ハイテク技術の進歩のスピードは驚くべきもので、例えば携帯電話は、一九九〇年代後半の、最も不況だと言われ続けた時期に爆発的に普及しました。ほんの少し前までは、肩にしょって持ち運んでいたものです。

あるいはインターネットの普及があります。これも不況のど真ん中で広まり始めたものです。

もしこれらハイテク製品の開発がなかったら、今の不況が、もっと深刻なものになっていただろうことは容易に想像がつくことです。

ちなみにその後の日本は、その本の中で、〝純粋なきらめきとブロンド〟で象徴される、輝かしい未来が予言されています。

一九九九年、恐怖の大王の詩

それではここで、有名な一九九九年の〝恐怖の大王〟の詩について解説したいと思います。
その詩は以下のものです。

諸世紀10巻72番
一九九九年七の月
空から恐怖の大王が降ってくるだろう
アンゴルモワの大王を蘇らせるために
その前後、マルスは幸福の名のもとに支配するだろう

まず、この詩をなぜ、五島勉さんが人類滅亡の詩と解釈してしまったのか、それを説明しましょう。

結論から言うと、これは、五島さんの解釈でときどき見受けられる、早とちりの一つだったということです。

ノストラダムスの「諸世紀」に掲載されている四行詩は、何のことだか、かいもく見当

がつかない詩がほとんどで、しかも年代が登場する詩などめったにありません。

ところがその中で、〝恐怖の大王〟の詩は具体的で分かりやすく、しかも異例ともいえる〝一九九九年七の月〟という年代まで入っています。つまりこの詩は、諸世紀を読み進んでゆくなかで、非常に印象に残る詩なのです。

しかも〝空から恐怖の大王が降ってくる〟という、かなり恐ろしげな文句もあり、五島さんが人類滅亡の予言と思い込んでしまうのも、無理からぬことだったのです。

それでは、先の詩は何を表わしているのでしょうか。やはり、この〝恐怖の大王〟は〝アンゴルモアの大王〟を蘇らせるために、どこか誰も知らないところで静かに降っているのでしょう。

「別のもの」の詩

次に、五島勉さんの解釈で、私が最も歯がゆく感じていた詩について解説したいと思います。まずは、その詩と私の解釈を紹介します。

諸世紀1巻48番
二〇年の月の支配が過ぎ去る
七千年、別のものが王国を築くだろう
太陽が、その時代を心のおもむくままに取るとき
全ては満たされ、私の予言も終わる

一行目の二〇年は二〇世紀のことでしょう。そして、月はヨーロッパを表わしていると言われています。つまり、その流れを汲むアメリカを含めた、欧米型の魂や霊を考慮しない文明を示していると考えられるのです。

二行目の七千年は、ノストラダムスが我々は今七千年紀にいると述べており、七千年は西暦二千年のことを表わしています。そして〝別のもの〟とは、欧米型の魂や霊を考慮しない文明とは〝別のもの〟という意味だと思われます。

それから三行目の〝太陽〟は、日本を表わしていると考えられるのです。

通して解釈すると次のようになります。

「欧米型の、魂や霊を無視した文明の二〇世紀は過ぎ去り、西暦二千年、魂の永遠性や霊

を信じる人々が王国を築くだろう。日本が心のおもむくままに取るとき、全ては満たされ、私の予言も終わる」

以上が私の解釈です。五島さんは予言以外の著書で、転生輪廻や死後の生命、そしてカルマなどについても詳しく書いています。

それにもかかわらず、この詩の〝別のもの〟の解釈では、いくつか候補を挙げてはいるのですが、周辺をなぞるばかりで、この詩の核心部分である「〝別のもの〟とは、魂や霊を信じる人々のことである」というところまで絞り込めていないのです。

五島さんの足場が、霊とか死後の世界にないからだと言えばそれまでですが、普段からスピリチュアルな考えを念頭に置いているものにとっては、どうしても歯がゆさと、もどかしさを感じてしまう部分です。

太陽の法と金星の法

それでは最後に、〝太陽の法と金星の法〟の詩を取り上げたいと思います。その詩は次のものです。

諸世紀5章53番
太陽の法と金星の法が競い合う
予言の精神をわがものとしながら
双方たがいに耳を傾けないが
偉大なメシーの法は太陽によって保たれるだろう

この詩は、読んだ人なら誰でも明るい印象を持たれるでしょう。ノストラダムスの予言は暗いものが多いのですが、この詩は際立った輝きを放っているからです。

さて解釈ですが、内容そのものは説明の必要はないでしょう。メシーの法（救世の法）が太陽によって保たれるという、それ以外解釈しようのないほど明快な詩だからです。

したがってこの詩で重要なのは、内容の解釈ではなく、一行目の〝太陽の法〟と〝金星の法〟が、何を示しているのか明らかにすることだと思います。

五島勉さんは、太陽は日本、金星は欧米を示していると解説しています。しかし、四行目にメシーの法（救世の法）とあるのですから、何らかの教え、教義を含んでいるはずです。

金星の法は何を示しているのか

さて〝太陽の法〟の方は、自分の教えが〝太陽の法〟だと主張すればよいわけですから、こちらは考える必要はないと思います。実際、幾人かの宗教家はそう主張しています。したがって、この詩で鍵となるのは、〝太陽の法〟ではなく〝金星の法〟の方です。しかし今まで、この〝金星の法〟に関して、まともな解釈にお目に掛かったことがありません。そこで、私の解釈を紹介したいと思います。

結論から言うと私は、この〝金星の法〟は、「幸福の科学」のことを示しているのだろうと思っているのです。

というのは、大川隆法さんの著書、新しい方の「太陽の法」の第一章に、大川さんが今説いている教えは、金星で成功した教え、すなわち〝金星の法〟であると明言しているからです。

また〝金星の法〟は、金星、すなわちヴィーナスの法であることから、女性の教えであるという解釈もありますが、今では大川隆法さんの妻、大川きょう子さんが前面に出ることが多くなっています。

しかも、きょう子さんは、前世でアフロディーテであったということですが、このアフロディーテこそ、別名ヴィーナスつまり金星なのです。

第五章　人類滅亡予言

1. 人類滅亡予言とスピリチュアリズムとのリンク

予言とスピリチュアリズムとのリンク

今まで、人類滅亡予言と霊や生まれ変わりについて、関連づけて論じられることはあまりありませんでした。

予言中心に解説する人は、霊や魂の永遠性についてほとんど語ることがない。また心霊中心の人は予言に手をつけない。一部、両方について論ずる人がいるが、これら二つを絡めようとはしない。ただ並列に取り扱うだけでした。

そこで私は、人類滅亡の予言とスピリチュアリズムをリンクさせる、という態度を表明したいと思います。すなわち予言が当たったら、霊や生まれ変わり、そして魂の永遠性を信じなければならない風潮をつくりあげたいと考えているのです。

予言の的中に必要な犠牲者の数

それでは、どれほどの人間が亡くなれば予言が的中したと言えるのでしょうか。それにはやはり、一度の災害で数億の人間が亡くなることが必要でしょう。

そしてその結果、誰もが、生まれ変わりはあるのだろうか、魂は永遠に生き続けるのだろうかと、いたるところで議論しあうようになることを期待しているのです。

私なりの予言（シナリオ）

そこで本書では、様々な人の予言解説をもとに、どういう災害がどういう順番で起きたらスピリチュアリズムが浸透し行きわたるか、という観点から見た、私なりの滅亡のシナリオを書いてみたいと思います。

しかしその前に、予言と努力について少し述べておきたいと思います。

2. 予言と努力

予言は努力によって変えられるか

予言は努力によって変えられるという説明は、よく耳にしてきたことです。破滅的な予言は最悪のシナリオ、あるいは警告なのだから努力すれば防ぐことができる、と。

果たしてそうなのでしょうか。しかし、それはそうではないと言わざるを得ないのです。

予言と選挙予測

さて話は変わりますが、選挙が近くなると、雑誌やテレビで選挙予測というものが出されます。ときどき外れることもありますが、結構当たるので、それを見た人は「何だそうなるのか」と納得してしまうことが多いでしょう。

そして実は、選挙予測と予言は結構似ているところがあるのです。

例えばある候補者がいて、あなたはその候補者を当選させようと、一生懸命応援していたとします。しかし票が足らずに、あえなく落選となる場合もあるでしょう。

あるいは、あなたが批判する候補が当選することもあるかもしれません。なぜなら、ライバルの候補にも支援者がいるからです。

つまり、予言とはそういうものだということです。

これを読んでいる人は、おそらく滅亡の予言を緩和し回避させるよう働きかけているでしょう。しかし一方で、最悪のシナリオより、もっと悪くなるよう働きかけている人々もいるのです。

つまり、選挙予測では票読みのプロという人がいるように、予言においては、緩和と悪化の働きかけを読むプロ、すなわち偉大な予言者がいるのです。

織り込み済み

したがって現在巷に広まっている予言は、それらを織り込んだ後の評価だということです。よって残念ながら、滅亡を防ぐよう働きかける人がいるということは、予言者の読みの中に入っているのです。

個人の運命と努力

そしてこのことは、個人の運命にも当てはまります。

例えば予言の達人が「この人物は、これこれこういう人生を送る」と読んだとします。するとそれがよくない人生だとすると、言われた側は「いいえ努力によって克服してみせます」と反論するでしょう。

しかし大予言者が、過去世の経歴などをもとに読み込んだものならば、やはりそのとおりの人生を歩んでしまうのです。

3. 予言（シナリオ）

どうしたらスピリチュアリズムの考えが行きわたるか

それではこの節では、どういう災害がどういう順序で発生したら、生まれ変わりや魂の永遠性の考えが行きわたるか、という観点から読み込んだ、私なりの予言（シナリオ）を述べてみたいと思います。

ヴァン・アレン帯の一部消滅

まず、世界中で地震が頻発するようになるでしょう。また、世界中の火山活動が活発になるでしょう。これらが来るべき大災害の前触れです。それは地球内部の活動が激しくなるからです。

そしてあるとき、その地球内部の異常がもとで、地球の上空を取り巻く磁気カバー、ヴァン・アレン帯の一部が消滅するのです。ちなみにヴァン・アレン帯とは、地球に降り注ぐ非常に有害な宇宙線や紫外線を受け止め、人々をそれらの危険から守ってくれているものです。

しかしその一部が無くなるのですから事態は深刻です。短期間でおそらく数億の人が亡くなるでしょう。また、後遺症によるガンや白血病で死亡する人を含めると、数年以内に犠牲者の数は一〇億を超えるでしょう。

そのとき日本では

しかしこの災害による、日本への直接の影響はほとんどない見込みです。

そしてこの災害をきっかけに、日本では「滅亡予言が当たった当たってない」「生まれ変わりはあるのかないのか」「魂は永遠に生き続けるのか」などの議論が、あちらこちらで沸騰するようになるでしょう。

意見は真っ二つに分かれ、否定派肯定派双方による議論は、ますます熱を帯びるようになるでしょう。

二つ目の大災害ポールシフト

そこへ二つ目の大災害が襲ってくるのです。それがポールシフト（極移動）です。

この災害では、日本も無事で済まされません。地震や巨大な津波が襲ってくるでしょう。そしてこの災害による犠牲者の数は、地球上で数億、日本でも数千万にのぼるでしょう。

日本におけるスピリチュアリズムの浸透

しかしこの災害をきっかけに、生まれ変わりや霊の存在に疑問を抱く人は、ほとんどいなくなるでしょう。大きな災害を目のあたりにして、「魂は永遠に生き続ける」という思想を信じないと、怖くて生きてゆけなくなるからです。

日本の復興は厳しいものになりますが、政治、文化など、様々な分野にスピリチュアルの思想が行きわたり、国民の精神的支柱となるでしょう。

世界大戦勃発

日本がスピリチュアリズムを精神的支柱として国造りをするなか、世界のあちこちで紛争が相次ぐようになります。そして戦火は拡大し、やがて世界大戦へと突入してゆきます。

大彗星接近

その上、戦乱が激しさを増すなか、彗星が地球に近づきつつあることが知らされるのです。彗星は時とともに地球に近づき、まるで神の警告のようです。ただ、この彗星の全体が地球に衝突することはないでしょう。しかし一部が衝突することになります。

この出来事は、人々の不安をかきたてることになるでしょう。しかしこの災害をきっかけに、世界大戦は終息に向かいます。

日本は世界の燈台となる

そして、これらの災害が去った後、世界は暗闇の中にいます。しかし、やがて世界は日本に注目するようになるのです。

なぜなら、そのとき地球上で日本だけが、スピリチュアリズムを精神的支柱として国造りに励み、成果をあげているからです。

そのため世界の国々は、日本から、できるだけ多くのことを学ぼうと躍起になるでしょう。

こうして日本は、暗闇の中の唯一の燈台、スピリチュアリズムの発信源となるのです。

4．進化論の呪縛

今の世界は、意識的にしろ無意識的にしろ、進化論に支配されています。

それは、人類というのはまず猿から黒人に進化し、その後黒人が黄色人種に進化し、最終的に白人となり最高度に進化した、というものです。そしてそれは、現文明が白人を中心として栄えていることを根拠としています。

だから現在白人は、白人というだけで、なんとなく優越感をもって生きています。そして有色人種は白人に対して、無意識的に劣等感と羨望の両方の気持ちを抱いています。

そのため有色人種が白人に向かい合うとき、その劣等感を振り払うために攻撃的になるか、そのとりことなってへつらうか、極端になってしまいます。なおこのことは、日本の太平洋戦争中と敗戦後のアメリカへの対応をみれば明らかです。

したがって私は、この白人至上主義的な進化論を打破するためには、現代の白人による文明は一度滅んだほうがよいと考えています。

しかしそれだけでは不十分で、進化論を完全に葬り去るには、今後のアジアとイスラム圏の繁栄が不可欠となるのです。
そして、そうなってはじめて、世界は進化論の呪縛から開放されるのです。

5. 全体の総括

地動説とスピリチュアリズム

ガリレオ、コペルニクスの地動説と、スピリチュアリズムに対する人々の態度が似ているということは、よく耳にしてきたことと思います。

つまりガリレオ、コペルニクスが生きていた時代（一六世紀～一七世紀）の地動説に対する人々の態度と、現在のスピリチュアリズムに対する人々の態度が似ているということです。

すなわち、現在スピリチュアリズムを否定している人が、ガリレオ、コペルニクスの時代に生きていたなら、やはり地動説を否定していただろうと思われるのです。

そして今、霊的なものを肯定している人がガリレオの時代に生きていたら、地動説を支持していただろうと思われるのです。

どちらも「常識はずれ」

ところで、この地動説とスピリチュアリズムに共通するキーワードは「常識はずれ」です。どちらも「常識はずれ」だということです。

というのは、ガリレオが生きた時代、地球が動くことなど考えられませんでした。危なくて立っていられないし、地球の下側になったら落ちてしまうと思えたからです。

そのためガリレオが生きていた時代、地動説を支持する人は、世間一般からは、ちょっと頭のおかしい変わった人物と見られていたのです。

このことは、今のスピリチュアリズムを信奉している人に対しても、そっくりそのまま当てはまるでしょう。

霊など見えないし、死後の世界など誰も行ったことがありません。だから現在、生まれ変わりや霊の存在、魂の永遠性を信じている人は、社会で肩身の狭い思いをしているはずだからです。

人類滅亡予言とコロンブスの新大陸発見

これらと同じことが、先にも述べたように、人類滅亡予言とコロンブスの「大西洋を西に向かえば陸にたどり着く」という発想に対しても当てはまると思うのです。

つまり、現時点で人類滅亡予言を否定している人が、もしコロンブスの時代に生きていたなら、彼の説を否定していただろうし、現在予言を肯定している人は、コロンブスの時代、彼の説を肯定していただろうと考えられるのです。

常識はずれ＋うさん臭さ

したがって、この人類滅亡予言とコロンブスの発想は、スピリチュアリズムと地動説と同様、「常識はずれ」という言葉でくくることができます。

コロンブスが生きた時代、大西洋を西に進めば、そこには海の果てがあるだけだと考えられていたからです。また滅亡予言も、やはり現在の常識からすると、そうなるとは考えにくいのです。

ただ、人類滅亡予言とコロンブスの説は、スピリチュアリズムや地動説と少し違った性質を持っています。それはうさん臭さです。

やはりコロンブスが大陸を発見するまで、あるいは予言が成就するまで、本当の意味でまともに取り合う人間は少ないということです。

コロンブスの金言

それでは最後に、コロンブスの金言で締めくくりたいと思います。

「人類の進歩は、万人の同意を得て達成されるものではない。大衆より先に目覚めた者は、自ら苦難の道を歩む」

すなわち、時代の先駆けとなる人物は、一般の人からは変人あるいは頭のおかしい人物と見なされてしまうのです。

本文中に登場する人物の説明 ②

○ベルナール（ベルナルド、ベルナルドゥスとも呼ばれる。1090〜1153）

ベルナールは、ディジョン近郊のフォンテーヌ城で生まれた。一一一二年シトー修道院に入会し、一一一五年、二五歳でクレルヴォー修道院を創設し、修道院長となった。

ベルナールの活動は全西欧に及び、様々な問題解決に奔走した。主なものとして、教会分裂の解決、アベラールとの論争、第二回十字軍の勧説などがある。

この時代のあらゆる問題が、生涯一修道院長に過ぎなかったベルナールのもとに持ち込まれた。

多くのベルナールに関する解説書を読んでいて、このベルナールが生きた時代、何か問題が起こると、誰彼ともなく「ベルナールを呼んでこい」と言い出すといった印象を受けます。それほど様々な問題に関わっているのです。

「アベラールとの論争」

その中に「アベラールとの論争」がありますが、これを少し詳しく説明したいと思います。

アベラールは現在、いわゆる知識人と言われる人々から高い評価を受けています。アベラールの思想そのものについては、聖書を自分勝手に解釈したものがほとんどで、今では顧みられることはありません。しかし、その学問に向かう態度が評価されているのです。アベラールや、その生徒たちが述べている次の言葉から、彼らの態度が明らかにされるでしょう。

「理解できないことを信じることはできないし、教える側も教えられる側も、知性によって捉えることができないことを他人に教えることは馬鹿げている」

この考え方は、中世をキリスト教道徳観によって抑圧された時代だと考える、現代のいわゆる知識人にとって革新的に響くのは当然のことでしょう。

そして、そういった知識人にとってベルナールは、その政治的影響力を駆使し、キリスト教世界観をおしつけることによって、知性の目覚めを一世紀遅らせた、憎むべき超保守的な人物と映るのです。

○竜樹（ナーガールジュナ、二世紀）

南インド出身。当時新興だった大乗仏教思想に基礎づけをした。後代のインド、チベット、中国、日本の大乗仏教の「祖」とされる。

竜樹の時代、仏教は、硬直化学問化した「上座部」と、革新的な「大衆部」との対立が鮮明になってきました。後に「上座部」は小乗仏教、「大衆部」は大乗仏教と呼ばれるようになるのです。

「上座部」は仏となることをあきらめ、アラハンと呼ばれる境涯を目指すようになります。それに対して「大衆部」後の大乗仏教は、直接社会との関わりを持って利他行を実践することによって、仏を目指すという考え方を取りました。

そして、後者のような考え方をする人を仏教では菩薩と言います。

竜樹はときどき、竜樹菩薩と呼ばれることがありますが、これは、自分は菩薩として仏を目指しているという気概を人々に示そうとしたものです。

○アメンホテプ四世(イクナトン・紀元前一四世紀)

古代エジプトのファラオ(王)。古代エジプトでは多神教が信奉されていた。しかし、唯一アメンホテプ四世だけはこの伝統に従わず、多神教を、特に当時最も有力だったアモン神を禁じ、太陽神アトンを国家神とした一神教を生み出した。

そして名前も、アメンホテプ(アモンに対して満足する)から、イクナトン(アトンによって生きる)に改めた。

王の死後は旧勢力が台頭し、アトン信仰は途絶えた。しかしその教えは、エジプトのユダヤ人奴隷を解放した、旧約の預言者モーゼ(紀元前一三世紀)に受け継がれた。


蛇足ですが、善川三朗著「キリストの霊言」(潮文社)に出ているアモンの霊言のアモンとは、このアメンホテプ四世のことです。

○ヴィシュヌ

インドで広く信奉されている宗教、ヒンドゥー教は多神教です。その中で、シバ神と並ぶ代表的な神の一人がヴィシュヌです。

聖典「リグ・ヴェーダ」の一節

現代のヒンドゥー教は、偶像崇拝と複雑な教義で人々の魂を束縛しています。しかし、ヒンドゥー教本来の姿は違ったものです。

ヒンドゥー教の聖典「リグ・ヴェーダ」には次の一節があります。

『神は万物の守護者、主宰者であり、人の心に住む。神をあらゆる場所でありのままに見ること、それが永遠の至福である。この至福を得るには、瞑想と心の浄化が必要なのだ。至福にいたれば、魂は最高存在と完全に同一化する。魂は、河が海に流れこむように、最高存在と一つになるのだ。その瞬間、個々の魂の意識からは外界が消え去り、魂は対象を意識しない状態となる。』

これは、先の聖ベルナールの教えに非常に近いものです。また現代でも十分通用する教えであることも理解できるでしょう。

さらに、ヒンドゥー教の重要な教義の一つとして、善因善果・悪因悪果を説いたカルマの法則があります。カルマの法則といえば仏教を思い出すでしょうが、実はヒンドゥー教の方が古いのです。

付章　落ち穂集

それではここから、本文を書きおえた後に固まったアイデアを付け加えたいと思います。内容は三節からなっていて、一つが〝時代の創出と転生〟の追加分で、残りの二つは時事ネタとなっています。

1. 時代の創出と転生（追加）

ここでは、時代を創出するという観点からみた転生で、本編を書きおえた後に見いだしたものを追加したいと思います。

コナン・ドイルの転生

西洋スピリチュアリズムを学んでいると、コナン・ドイルの存在の大きさに気づくと思いますが、そのコナン・ドイルの転生は次のようになっています。

＊＊＊

○アーサー・コナン・ドイル（1859～1930）

シャーロック・ホームズシリーズで有名だが、実は、そのホームズシリーズの執筆は副業で、本業は心霊研究だった。

↓

○パラケルスス（1493～1541）

コナン・ドイルの一つ前の前世は、ルネサンス期にスイスで生まれた医学者パラケルスス。中世以来の伝統的医学に挑戦し続けた人物。

↓

○ヒポクラテス（B.C.460～375）

パラケルススをさらに遡ると、ギリシャの医学者ヒポクラテスに。病気の原因を迷信から開放した人物で、医学の始祖と呼ばれる。

＊＊＊

ここに紹介したとおり、コナン・ドイルは心霊主義者であり、ヒポクラテスは医学者です。しかし、理論の展開の仕方に近いものを感じますし、なにより両人の語り口が似ています。

それから、コナン・ドイルはもちろん如来です。だから、西洋スピリチュアリズムを学んでいて迷いが生じた場合、ドイルの考えを基準とすることができます。

政治家の転生

それでは引き続いて、政治家の転生を紹介したいと思います。

＊＊＊

○アレクサンデル・ドプチェク（1921〜1992・如来）

チェコスロバキアの元共産党第一書記ドプチェク氏の前世は、フランク王国の宮宰で、キリスト教世界成立の基礎を築いたカール・マルテル（688〜741）。

○ウラジーミル・プーチン（1952〜・菩薩）

現在のロシア大統領プーチン氏の前世は、カール・マルテルの子で、カロリング王朝を開いたピピン（714〜768）。

○ボリス・エリツィン（1931〜・菩薩）

前のロシア大統領エリツィン氏の前世は、ピピンの子、カール大帝（742〜814）。

＊＊＊

日本に目を移しますと、

○現総理大臣の小泉純一郎さん（1942〜・菩薩）

小泉さんの前世は、平安時代中期に瀬戸内海で反乱を起こした、藤原純友（?〜941）。

○前外務大臣の田中真紀子さん（1944〜・菩薩）

真紀子さんの前世は、日本最初の女帝となった推古天皇（554〜628）。

○真紀子さんの父、田中角栄氏（1918〜1993）

角栄氏の前世は、推古天皇の叔父、蘇我馬子（?〜626）。なおこの方は、菩薩クラスの裏系統の人物です。

※菩薩クラスの裏系統の人物とは、国のため人々のためという気持ちも強いのだけれど、それよりも若干、自分の力を誇示したい見せつけたいという気持ちの方が強い。

＊＊＊

2. 教科書問題と靖国参拝問題

それではここで、霊的な話題からは少し離れますが、歴史教科書記述問題と靖国神社参拝問題について、私の考えを述べてみたいと思います。

さて、中国と韓国は事あるごとに、歴史教科書と靖国参拝を問題にします。私は、なぜあそこまでうるさく言うのか、常々不思議に感じていました。時には、あまりのしつこさに、逆にこちらが怒りを覚えるほどです。

そして私は、これらの報道を見たり聞いたりしたとき、決して表面上の解釈論だけではないなと感じていました。

そしてあるとき気づいたのです。これには嫉妬があることに。

「国家安康」のエピソード

そうなのです、中国と韓国が教科書問題や靖国参拝でかみつき、いきり立つのは、根底に日本に対する嫉妬があるからなのです。

このことは、たとえとしてあまり適切でないかもしれませんが、豊臣家滅亡のきっかけとなった方広寺の鐘の銘、「国家安康」「君臣豊楽」のエピソードと同じです。つまり中国や韓国にとって、日本に言い掛かりをつけること自体が目的となっているのです。そしてその目的のために、教科書問題と靖国参拝問題を利用しているのです。

というのは、日本は第二次大戦中、中国や韓国を虐げ苦しめてきました。しかも戦後日本は、G7とかいって先進国の仲間入りをしています。つまり、そういう日本だけがいい思いをしていることに、中国や韓国は我慢ならないのです。

だから、戦後日本が三流国家に落ちぶれ果てていれば、歴史教科書のことも靖国参拝のことも、今ほどうるさく言わなかったでしょう。また、問題にしたとしても、日本の説得に耳を傾けてくれたはずです。

したがって現在、教科書問題や靖国参拝で、中国や韓国に説明し、説得することは不可能だと言えるでしょう。今はただ、第二次大戦の経験が風化するのを待つだけなのです。

3. 構造改革

それでは続いて構造改革についても、私の考えるところを述べておきたいと思います。

小泉純一郎さんが首相になり、構造改革のことが世間で注目を浴びるようになりました。私も初めのうちは、かなりの成果が上がるのではないかと期待をしていたのですが、そのうち抵抗勢力が表だった活動を始めるにつれ、「こりゃ駄目だな」と考えるようになりました。

というのは、思い切った改革を行うには、歴史的にみて二種類のパターンしかないからです。

二種類のパターン

一つは、トップが絶対的権力を握り、高圧的に出て反論を許さない場合。そしてもう一つが、抵抗勢力を抹殺した場合の二つです。

その前者の例として、敗戦後の日本に駐留したGHQが、高圧的に、あるいは問答無用で、自らの政策を推し進めたことが挙げられます。つまり、GHQの決定を誰も拒絶することができなかったから、農地改革や、財閥解体のような無茶苦茶ともいえる大胆な改革を遂行できたのです。

もちろん当時、地主や財閥側に、言い分はいくらでもあったはずです。しかしそれは許されなかったのです。

後者の例「大化の改新」

それから後者の例として、「大化の改新」を挙げることができるでしょう。この改革は、蘇我蝦夷、入鹿親子を殺害することから始まりました。そして抵抗勢力の親分がいなくなったことで、後の改革を可能にしたのです。

したがって、小泉総理がどれほど改革に熱意を持っていたとしても、抵抗勢力との摺り合わせによる改革では、たかが知れています。中身を骨抜きにされる可能性だってあるのです。

改革の天変地異の利用

そうすると読者は、改革は無理なのかなと思うでしょう。もちろん現状のままでは駄目だと思います。

ところが私には、一つの考えがあるのです。先の例でいうと後者に当たるのですが。すなわちそれは、天変地異を利用して改革を行えばよいということです。

私はこの著書の中で、人類を天変地異が襲うだろうと語りました。

つまり大混乱のどさくさを利用して、思い切った改革を行えばよいということです。もっとあからさまに言うと、抵抗勢力で多くの犠牲者が出たところから、改革に手を付ければよいと考えているのです。

あとがき

二〇〇一年九月一一日のアメリカ同時多発テロによって、世界は一変したと言われています。

それは、現実の世界情勢が変化したということだけではなく、人々の心の中にも影を落としています。テロのことが人々の頭から離れず、心の中はいつも霧がかかったようで、スッキリと晴れ上がることがなくなってしまったのです。

それと同時に、現在イスラムの教えに注目が集まっています。よくニュースなどでは、イスラム教そのものとテロを起こしたグループの教義は、まったく違うと報じられています。

しかしながら、どれだけ違いを強調しても、欧米人はどちらも似たり寄ったりだと考えています。そのため、イスラム教自体を葬り去らないかぎり、テロは無くならないだろうと思っているのです。

さらにいうと、欧米人は心の深層で次のように考えています。

「欧米人は、古いキリスト教世界観から脱皮し近代文明に移行した。それなのに、どうしてイスラム圏では、いまだにイスラム教にしがみつくのか」

もちろんそれは正しくありません。魂や霊を否定する現代文明は間違っているからです。それと比較するとイスラムの教えの方が真実に近いと思われます。一夫多妻を認めるなど納得できないところもありますが、死後の世界や、永遠の生命を明快に謳っていることなど、高く評価できるからです。

著者紹介 中村隆司（なかむら・りゅうじ）
1958年岡山県生まれ。山口大学農学科、愛知学院大学心理学科卒。
「シルバーバーチの霊訓」で神理に触れ、その後、様々な書物などによってその知識を深めた。
只今、「シルバーバーチ広場」の名称で、インターネットのホームページ開設中。ぜひアクセスしてみて下さい。

http://r1.myhomepage.ne.jp/jns/w_f/js03356/top_001.htm

スピリチュアル

2002年6月1日　初版第1刷発行

著　者　中村 隆司
発行者　韮澤 潤一郎
発行所　株式会社 たま出版
〒160-0004　東京都新宿区四谷4-28-20
電話　03-5369-3051（代表）
http://www.tamabook.com
振　替　00130-5-94804

印刷所　株式会社 平河工業社

乱丁・落丁本お取り替えします。

ISBN4-8127-0058-2 C0011